Haftungsausschluss:

Die Ratschläge im Buch sind sorgfältig erwogen und geprüft. Alle Angaben in diesem Buch erfolgen ohne jegliche Gewährleistung oder Garantie seitens des Autors und des Verlags. Die Umsetzung erfolgt ausdrücklich auf eigenes Risiko. Eine Haftung des Autors bzw. des Verlags und seiner Beauftragten für Personen-, Sach- und Vermögensschäden oder sonstige Schäden, die durch die Nutzung oder Nichtnutzung der Informationen bzw. durch die Nutzung fehlerhafter und/oder unvollständiger Informationen verursacht wurden, ist ausgeschlossen. Verlag und Autor übernehmen keine Haftung für die Aktualität, Richtigkeit und Vollständigkeit der Inhalte und ebenso nicht für Druckfehler. Es kann keine juristische Verantwortung und keine Haftung in irgendeiner Form für fehlerhafte Angaben und daraus entstehende Folgen vom Verlag bzw. Autor übernommen werden.

Sollte diese Publikation Links auf Webseiten Dritter enthalten, so übernehmen wir für deren Inhalte keine Haftung, da wir uns diese nicht zu eigen machen, sondern lediglich auf deren Stand zum Zeitpunkt der Erstveröffentlichung verweisen.

Bibliografische Informationen der Deutschen Nationalbibliothek

Die Deutsche Nationalbibliothek verzeichnet diese Publikation in der Deutschen Nationalbibliografie; detaillierte bibliografische Daten sind im Internet über http://dnb.dnb.de abrufbar.

1. Auflage 2023
© 2023 by Remote Verlag, ein Imprint der Remote Life LLC, Oakland Park, US
Alle Rechte vorbehalten. Vervielfältigung, auch auszugsweise, nur mit schriftlicher Genehmigung des Verlags.

Redaktion: Isabelle Müller
Lektorat und Korrektorat: Katrin Gönnewig, Markus Czeslik, Fabian Galla
Umschlaggestaltung: Zarka Ghaffar
Satz und Layout: Zarka Ghaffar
Abbildungen im Innenteil: Adobe Stock

ISBN Print: 978-1-955655-74-3
ISBN E-Book: 978-1-955655-75-0
www.remote-verlag.de

PETER RÖSSGER
STATUS: OFFLINE
Der Leitfaden für mehr Balance in einer technikdominierten Welt

INHALT

ZUM GELEIT:
DAS VORWORT — 8

DIE REISE BEGINNT:
EINLEITUNG — 21

WORAN LIEGT ES:
AUF SPURENSUCHE — 36

Das Betriebssystem:
unser genetisches Erbe — 40

Der Mensch: Abgrenzung zum Tier — 43

Noch mal der Mensch:
Abgrenzung zur künstlichen Intelligenz — 47

Das große Unbekannte in unserem Kopf:
das menschliche Gehirn — 53

Unser Weg zum technologischen Menschen:
Faustkeil, Schweizer Messer, Smartphone — 60

BEZIEHUNGSSTATUS MENSCH UND TECHNIK: ES IST SCHWIERIG — 76

Zwei Seiten einer Medaille oder: die Janusköpfigkeit der Technologie — 77

Asozial und fremdgesteuert: soziale Medien — 87

Digitale Einsamkeit: Seele und Technologie — 92

Komplett am Ende: Burnout durch Technostress — 102

WAS KOMMT? DIE ZUKUNFT DES TECHNOLOGISIERTEN MENSCHEN — 109

Trends und schwarze Schwäne: Wie geht's weiter? — 114

Trends und Megatrends: die Leitlinien — 121

Ins Innerste: das Binnenverhältnis zwischen Mensch und Technik — 124

Wir und das Auto: Mobilität als menschliches Grundbedürfnis — 128

Über Quanten, Satelliten und Smartness: kluge und dumme Technologie — 137

Der tanzende Bär: Wir haben ihn alle schon gesehen!	145
Es wird gut: Lasst uns das Leben lieben	150
Kein einfaches Versprechen: die janusköpfige Technologie	154

JETZT WIRD ES KONKRET: WAS DU TUN KANNST — 157

Meine Motivation: Zeit	158
Analysieren, minimieren, kontrollieren: der Weg aus der Technologiedominanz	165
Analysieren: den wahren Wert von Technologie bestimmen	167
Minimieren: nur das, was nötig ist	173
Kontrollieren: Ich bin der Chef im Ring	179
Der Blick in den imaginären Spiegel: Fokus statt Diffusion	190
Aktion oder Aktionismus? Wir als Gesellschaft	206

HAB DEN MUT: GEH LOS UND GIB NICHT AUF! — 212

ZUM WEITERLESEN: LITERATUR — 218

ZUM GELEIT: DAS VORWORT

Das Leben ist ein Geschenk. Jeder Morgen, an dem wir aufwachen, jeder Mensch, den wir treffen, jeder Gedanke, den wir denken, jedes Gefühl, das wir fühlen, jedes Erlebnis im Innen und im Äußeren. All das sind Geschenke an uns, Geschenke, die wir nicht ausschlagen können. Und nicht ausschlagen sollten. Ich durfte früh erfahren, dass das Leben kurz ist und schnell vorbei sein kann. Ich habe gesehen, wie fragil Leben ist und wie kraftvoll zugleich. Ich durfte erfahren, was es bedeutet, alles zu verlieren und alles wieder-gewinnen zu können. Ich habe angenommen, was das Leben mir vor die Füße geworfen hat, die Herausforderung als Aufforderung verstanden. Die Aufforderung, der bestmögliche Mensch, die bestmögliche Person zu sein, die ich werden kann. Die Aufforderung, zu denken, zu handeln und das Denken und Handeln anderer zu beeinflussen. Die Aufforderung, meinen Beitrag zu leisten, diesen Planeten zu einem besseren Ort zu machen.

Warum ein Buch über das Verhältnis von Mensch und Technik? Und warum von mir? Als der Remote Verlag auf mich zugekommen ist und wir die Zusammenarbeit diskutiert haben, da haben sie mir eine interessante Aufgabe gestellt: Checke auf der Website des großen

Buchanbieters, welche anderen Bücher es zu deinem Thema gibt. Worüber schreiben deine Kollegen? Wie tun sie das? Wie sind die Reaktionen der Leser, welches negative Feedback wird gegeben? Und was machst du anders, um genau dieses negative Feedback zu vermeiden? Es ist schwer, vorherzusagen, was Leser und Leserinnen an meinem Buch mögen werden und was nicht. Die Recherche im Netz war für mich sehr erhellend. Es gibt zur Thematik Mensch und Technik eine lange Reihe Fachbücher. Von Profis für Profis geschrieben. Einige sind gut, ich habe aus ein paar davon viel lernen können, im Studium, in meinen Jobs, jetzt für die Recherchen. Es sind Fachbücher. Wissenschaftlich exakt geschrieben, daher oft schwer lesbar. Mit Zitaten, Querverweisen und Fußnoten versehen. Es macht sie schwerfällig, aufwändig zu lesen und es macht sie lang.

    Bücher, die alle ansprechen, nicht nur das Fachpublikum, sind selten. Einige wenige habe ich gefunden, so wirklich gefallen haben sie mir nicht. Nicht, weil ich es anderen Autoren nicht gönnen kann, sondern weil die Balance zwischen Message, Hintergrund und Nutzen nicht stimmt. Weil das, was gesagt wird, was gehört werden sollte, nicht klar wird. Weil das Hintergrundwissen, das, worauf Denken, Handeln und Entscheiden beruhen, die Basis des Denkens und der gewünschten Änderungen nicht verständlich werden. Weil tiefergehende Fragen nicht gestellt werden, konkrete Handlungsvorschläge fehlen, kein Weg aufgezeigt wird. Also, wenn die anderen Autoren es nicht so machen, wie ich es gern hätte, selbst schreiben, eigene Idee finden, eigene Sätze formulieren und die eigene Message zu Papier bringen. Nach Monaten des Recherchierens, Schreibens und Korrigierens liegt das Resultat vor, kann gelesen, beurteilt, verrissen, genutzt, missachtet oder geliebt werden.

Das erste Projekt im Bereich Mensch und Technik, Fahrer und Fahrzeug habe ich 1987 als Student durchgeführt. Es ging um die Messung der Blickbewegungen von Fahrschülern. Wie lange gucken sie wohin, wie scannen sie die Umgebung ab und wie verändert sich das von Woche zu Woche, mit jedem Lernfortschritt, mit zunehmender Erfahrung. Das war Mitte der 80er Jahre eine echte logistische Herausforderung. Die Messgeräte waren groß, schwer, unhandlich und komplex zu benutzen. Vor jeder Fahrstunde habe ich die Aufzeichnungsbox auf dem Rücksitz montiert, den Fahrschülern eine Art Astronautenhelm aufgesetzt, 20 oder 30 Minuten mit Einstellarbeiten verbracht und mich schlussendlich auf den Rücksitz des Fahrschulwagens neben die Ausrüstung gequetscht. Fahrschüler und Fahrlehrer vorn rein und los ging es.

Trotz der Hindernisse hatte mich das Thema gepackt. Technologie nicht als reine Technologie zu begreifen, sondern zu verstehen und zu lernen, was sie mit den Menschen macht, mit der Gesellschaft, mit uns. Mit dir und mit mir. Wie können wir dafür sorgen, dass die Folgen im Rahmen bleiben, der Nutzen immer größer bleibt als der Schaden? Wie kann ich die Auswirkung, die Technologie hat, das, was sie mit Menschen und der Gesellschaft anstellt, nicht nur vorhersagen, sondern auch verändern? Wie kann ich Technologie gestalten, um damit echten Wert zu erzeugen?

Wie kann ich dafür sorgen, dass Systeme, Services, Geräte einfach und zugänglich werden und dass Besitz und Nutzen Freude bereiten? Wie kann ich den ökonomischen, ökologischen, sozialen und psychologischen Footprint verringern? Wie kann ich die Investition von Ressourcen, Geld, Energie, Denken und Zeit rechtfertigen? Oder muss ich erkennen: Das alles lohnt sich nicht? Das Thema hat mich bis heute nicht wieder losgelassen.

Im Jahr 2018 habe ich meine Hochzeitsreise im Südwesten der USA verbracht. Wir haben uns ein Auto gemietet und sind durch Kalifornien, Nevada und Arizona gefahren. Gebucht hatten wir ein Mid-size-SUV, einen mittelgroßen Geländewagen. Am Schalter des Vermieters haben wir den üblichen Small Talk mit der Dame hinterm Tresen gehalten und dabei erwähnt, dass wir auf Honeymoon sind. Daraufhin gab sie uns ein gratis Upgrade auf einen »Regular«. Ich wusste nicht, was sie damit meinte, habe aber Ja gesagt. Upgrades sind immer gut. Als wir zur Parkbucht kamen, wurden mir zwei Dinge klar: Der »Regular«

war ein Wrangler, ein Jeep Wrangler! Und ich würde die nächsten zwei Wochen in einem meiner Traumautos, in einer Ikone des amerikanischen Automobilbaus durch genau die Landschaft fahren, für die das Auto gebaut ist!

Zwei Dinge zeigen mir, wie sehr Technologie unsere Wahrnehmung, unsere Erinnerung und unsere Bewertung, Geist und Seele beeinflusst. Die Tatsache, dass wir mit diesem Auto unterwegs waren, prägt viel von der Erinnerung an die Reise. Meine Frau bekommt heute noch leuchtende Augen, wenn sie erzählt, wie sie mit dem Wrangler über die Golden Gate Bridge gefahren ist.

Und: Vor dem Urlaub hätte ich gesagt, den Jeep Wrangler gibt es auf deutschen Straßen kaum, der ist hier nur in homöopathischen Mengen vorhanden. Nach dem Urlaub habe ich gefühlt an jeder zweiten Ecke eines dieser Fahrzeuge gesehen. Die Zahl der in Deutschland zugelassenen Wrangler hat sich während der zwei Wochen Urlaub mit Sicherheit nicht nennenswert verändert. Was sich geändert hatte, war meine Wahrnehmung. Das Fahrzeug hat meine Art, zu sehen, meine Umwelt wahrzunehmen, und das Urteil über das, was ich sehe, erheblich verändert. Technologie hat eine spürbare Änderung meines neuronalen Netzes, meines Gehirns bewirkt, inklusive Veränderungen meiner Bewertungen und meiner Emotionen.

Meine Lebensaufgabe, so wie ich sie sehe, wie ich sie interpretiere und lebe, ist, die perfekte Balance zwischen

Mensch und Technik zu finden. Ich will Technologie so gestalten, dass sie den besten Wert liefert. Die Janusköpfigkeit, die Doppeldeutigkeit von Technologie möchte ich entdecken und kommunizieren, den Nutzen von Technologie mit dem Preis, den wir dafür zahlen, in eine Ausgewogenheit bringen. Am Ende geht es darum, den Menschen zu helfen, ihren Weg aus der Technologiedominanz zu finden.

Ich will andere inspirieren auf der Suche nach einem Optimum für das Gesamtsystem aus Technik, Mensch und Gesellschaft. Technikern, Entwicklern, Managern will ich Wege zeigen, Produkte so zu gestalten, dass sie Sinn haben, Wert schaffen und das Leben der Nutzer besser machen. Nutzer will ich auf die Fallen, die Suchtpotenziale und die Gefahren der Technologie hinweisen. Ich will Wege zeigen, die Kontrolle zurückzugewinnen und das Leben im Umgang mit Technologie als Chef im Ring zu bestreiten.

Für mich ist die Frage nach Sinn und Wert von Technologie der Kern von Denken und Handeln. Lohnt sich der Einsatz von Ressourcen, Rohstoffen, Energie, Gedanken, Zeit und Geld? Machen wir mit einer Lösung, einem System, einem Produkt oder einem Service das Leben der Menschen besser? Machen wir die Welt zu einem besseren Ort? Wir erfahren immer wieder, wie Technologie uns täuscht und enttäuscht, obwohl oder gerade weil sie liefert.

Wir, also du und ich, stehen am Beginn einer gemeinsamen Reise durch die Welt der Technik und durch unsere Nutzung von Produkten, Systemen und Services. Wir sprechen über das Leben, wie es entstanden ist, über die Menschwerdung, die Entwicklung von Wissenschaft, industrielle Revolutionen, die Durchdringung aller Aspekte unseres Lebens mit Technologie, wie es dazu kommen konnte und wie es weitergeht.

Ich spiegele die Entwicklung immer am Verhältnis von Mensch und Technik, vom Faustkeil über das Schweizer Messer zum Smartphone, vom Himmelstrionfo, einer mechanischen Konstruktion in den Theatern des 17. Jahrhunderts, mit denen die Illusion von autonomer Fortbewegung erzeugt wurde, über knatternde Kisten der frühen Automobilität bis zum selbstfahrenden Elektroauto. Was hat Technologie mit den Menschen gemacht, wie verändert sie uns heute, was können wir in Zukunft erwarten? Was können, dürfen und sollten wir als einzelne Menschen und wir als Gesellschaft tun? Wie können wir die Technologiedominanz brechen, um wieder mehr wir selbst zu sein?

Ich werde mich in diesem Buch sehr häufig auf die beiden Technologien Smartphone und Automobil beziehen, sie als Beispiele nutzen. Beide sind sehr präsent, die meisten von uns haben Erfahrungen damit, die Wirkungen dieser Technologien auf die Gesellschaft und jeden von uns sind sichtbar, greifbar und relevant. Mit beiden Technologien kenne ich mich mehr als gut aus.

Ich stehe auf den Schultern von Giganten. Es gibt nur wenige Gedanken, die nicht so oder so ähnlich schon mal gedacht worden sind. Ich bin ein Lesejunkie, ein Informationsaufsauger. Ich diskutiere gern mit anderen, mit Experten, mit meinen Klienten, mit Nutzern, mit Entwicklern, Kritikern und Evangelisten über die Themen, die mich interessieren, die mich bewegen. Ich lerne dabei unendlich viel, es verändert mich und ich gebe es gern weiter.

Ich nutze dieses Buch, um meine Sicht der Dinge darzulegen, die nicht unabhängig in irgendeinem Universum schwebt, sondern die auf Vernetzungen und Austausch beruht. Ich lebe nicht als Eremit, sondern mitten in dieser Welt, in einem Leben, das ständige Kommunikation bedeutet. Von daher wird dir vielleicht der eine oder andere Gedanke bekannt vorkommen. Es ist nicht meine Absicht, zu plagiieren. Wenn ich zitiere, ist das gekennzeichnet. Dass mal was durchrutscht, sei mir verziehen.

Ich verlaufe mich manchmal in dem einen oder anderen Detail der Technikgestaltung, verliere mich im Gestrüpp des Verhältnisses zwischen Mensch und Technologie. Das Thema fasziniert mich seit 35 Jahren, ich habe zeit meines Berufslebens damit Geld verdient. Da sammelt sich eine Menge Wissen, Kritik, Verbesserungsbedarf an.

Es sammelt sich auch Nähe und Liebe an, sonst könnte ich die Begeisterung für das, was ich tue, nicht aufrechterhalten.

Ich bin immer wieder wütend über das, was uns als Innovation angeboten wird. Minimale Veränderungen werden von Marketingabteilungen als großer Durchbruch gefeiert. Innovation wird zum Must-have, wird alternativlos, wenn ich als Firma, als Dienstleister oder als Entwickler anerkannt werden möchte. Innovation um der Innovation willen bläst den Selbstwert auf. Das macht mich wütend. Wut ist etwas Gutes, sie zeigt uns, wo Handlungsbedarf besteht, wo Veränderungen anstehen, wohin ich meinen Fokus lenken darf. Von daher bin ich oft und gern wütend und zeige das auch.

Das Zusammenspiel von Mensch und Technik hat drei Komponenten: die Technik, den Menschen und den Tanz, der getanzt wird. Um diesen Tanz zu verstehen und um mittanzen zu können, um die Musik auflegen zu können und um neue Tänze erfinden zu können, habe ich im Studium, der Promotionszeit und im Berufsleben zwei Schwerpunkte gehabt: das Ingenieurwesen und die Psychologie.

Ich verstehe das Ingenieurwesen als Wissenschaft vom Nützlichen, nicht als Wissenschaft vom Möglichen. Alles, was wir als Ingenieure uns ausdenken, muss einen Zweck erfüllen, die Welt zu einem besseren Ort machen, das

Leben von Menschen sicherer, schneller, fokussierter, einfacher oder auch nur lustiger machen. Alle Innovationen, alle Technologien, alle Produkte müssen einen echten Wert haben.

Psychologie sehe ich als Wissenschaft vom gesunden Menschen, nicht vom behandlungsbedürftigen. Schon früh im Studium haben wir über die »Krise der Psychologie« diskutiert. Ist es für einen Psychologen denn überhaupt moralisch vertretbar, einen Menschen, der an seiner Umwelt verzweifelt und scheitert, zu heilen und gleich wieder den widrigen Umständen auszusetzen? Ist die Rolle der Psychologie nicht mehr, als Reparaturanstalt des Kapitalismus zu sein? Ich greife an der Wurzel an. Meine Vision war von Anfang an, Technik, die technisierte Welt und das von Technologie beherrschte Arbeitsleben so zu gestalten, dass die Menschen eben nicht daran scheitern. Heute ist nicht nur das Arbeitsleben, heute ist das gesamte Leben von Technologie dominiert. Sie ist allgegenwärtig, sie umgibt uns, sie wird in absehbarer Zeit in uns sein. Grenzen, die gestern galten, werden sich morgen zwischen neuen Technologien wie künstlicher Intelligenz, Pflegerobotern und Nanobots auflösen. Wir müssen alles über den Menschen wissen, um Technologie zu gestalten, nicht umgekehrt.

Bücher über die Gestaltung von Technologie, Produktdesign, Screendesign, Interaktionsdesign gibt es genug.

Die meisten davon sind für ein professionelles Zielpublikum geschrieben. Sie sind nützlich, aber weder einfach noch schön noch stimulierend. Ich streife die technologischen Themen, im Mittelpunkt wird in diesem Buch der Mensch stehen. DU!

Es geht um dich und deine Interaktion mit Technologie. Um deine Zeit, dein Leben. Es geht darum, wie wir als Menschen Bewusstheit über den Umgang mit technischen Systemen entwickeln können, wie wir mit Wissen und Einsicht bewusste Entscheidungen fällen und damit die Kontrolle wiedergewinnen, die Kontrolle über unser Leben, unsere Zeit und über unser Denken. Am Ende geht es um konkrete Methoden, Technologie zu beurteilen, ihren Wert zu erkennen und um Schritte, wie du dein Leben aus den Fängen der Technologie befreien und gleichzeitig ihre Benefits nutzen kannst.

Mein Ziel ist es, dein Bewusstsein dafür zu schärfen, was Technologie mit uns, unserem Leben und unserer Welt macht. Ich gebe dir eine Methode an die Hand, mit der du in der Lage sein wirst, kritisch auf Technologie zu blicken, die Technologiedominanz zu brechen und damit ein Stück deines Lebens und deiner Freiheit zurückzugewinnen.

Die Allgegenwart von Technologie ist an sich weder gut noch schlecht. Sie ist erst mal ein Fakt. Es gibt Technologien, die eher dazu dienen, unser Leben zu einem besseren Leben zu machen. Und es gibt die, bei denen der

Glaube an eine gute Tat schwerfällt. Am Ende ist Technik neutral. Lediglich unser Umgang, unsere Einstellung und unser Wissen machen Technologie gut oder schlecht.

Im Frühjahr 1981 habe ich ein paar Wochen auf einer Highschool auf Long Island im Staat New York verbracht. Am Tag meines Abflugs in Richtung USA ereignete sich das Attentat auf den damaligen Präsidenten Ronald Reagan. Die NASA war gerade dabei, die ersten Spaceshuttles ins All zu schießen. Wir in Deutschland waren uns sicher, das würde ausschließlich zu militärischen Zwecken passieren. Mein Austauschfreund sah es anders. Die Gabel, die er während unseres Gesprächs in der Schulkantine in der Hand hielt, die könne er zum Essen seiner Fritten nehmen oder um jemanden zu erstechen. So sei es auch mit dem Spaceshuttle. Das ist Technologie, die der Wissenschaft dienen kann oder dem Krieg. Es liegt nicht in der Natur der Technologie, ob sie Gutes oder Schlechtes bringt. Nutzen oder Schaden entstehen dadurch, wie wir sie einsetzen.

Genau diese Rolle soll dieses Buch einnehmen: Wissen vermitteln, Bewusstheit schaffen, Entscheidungen fällen, Kontrolle zurückgewinnen. Die ersten beiden Punkte erledige ich, die anderen beiden ermögliche ich. Die Ausführung liegt bei dir.

Ein gutes Buch verschlingst du. Ein sehr gutes Buch verschlingt dich. Ich hoffe, zur ersten Kategorie zu gehören, besser noch zur zweiten. Ich habe mich entschieden, dich, liebe Leserin, lieber Leser, mit dem persönlichen »du« anzureden. Wir begeben uns auf eine persönliche Reise, auf einen gemeinsamen Weg. Es kann privat werden, vielleicht sogar intim.

Zum Schluss noch ein Hinweis: Ich bin sehr bemüht, zu gendern und alle Geschlechter einzuschließen, bitte jedoch um Nachsicht, wenn ich etwas übersehe. Hin und wieder benutze ich aber auch ganz bewusst wegen der besseren Lesbarkeit nur die weibliche oder männliche Form. Selbstverständlich schließe ich damit aber immer alle Geschlechter ein.

DIE REISE BEGINNT: EINLEITUNG

»Das technische Denken der Moderne hat das menschliche Leben von der Geburt in der Klinik bis zum Tod auf der Intensivstation, vom Intimsten und Persönlichsten bis hin in die umfassendsten gesellschaftlichen Strukturen viel durchgreifender verändert als die Ideen von liberté, egalité et fraternité und ihre revolutionäre Umsetzung.«

Hans Poser

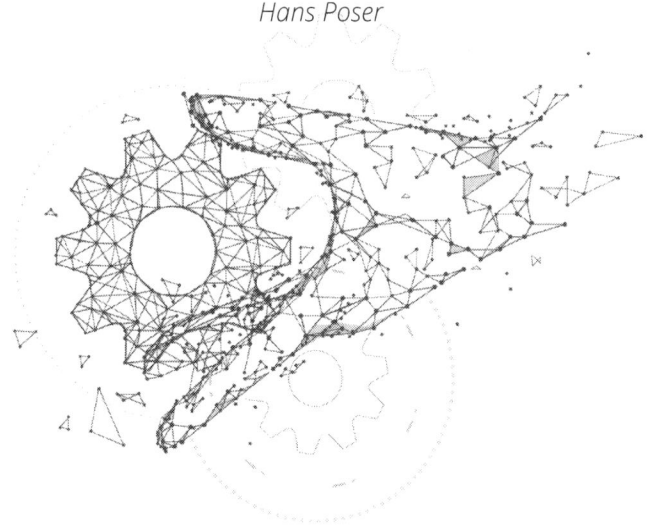

64 Tage pro Jahr, und das sind volle 24-Stunden-Tage, sitzen wir vor dem Fernseher. 59 Tage pro Jahr starren wir auf unsere Smartphone-Displays, junge Menschen gern das Doppelte. 35 Tage pro Jahr sind wir auf Social Media unterwegs. 30 Tage pro Jahr sitzen wir vor dem PC. 14 Tage pro Jahr sitzen wir im Auto, fünf davon stehen wir im Stau und zwei suchen wir einen Parkplatz. Lediglich vier Tage im Jahr spielen wir mit unseren Kindern und einen Tag pro Jahr sitzen wir gemütlich mit einem Drink in der Kneipe. Ein Jahr hat nur 365 Tage.

Die Summe all der Tätigkeiten beträgt über 200 Tage pro Jahr. Gut, das eine oder andere machen wir parallel, zum Beispiel das Smartphone als zweites Display neben dem Fernseher zu nutzen. Das macht es aber nicht besser. Dazu kommen knapp 100 Tage Schlaf und 20 bis 30 Tage für Kochen, Essen und Körperpflege. Merkst du was? Es bleibt nicht mehr viel übrig für gute Gespräche, Treffen mit Freunden, Sex, Meditation, Sport. Die Schieflage ist mehr als deutlich.

Die Weltgesundheitsorganisation WHO hat Computer- und Onlinespielsucht 2018 als Krankheit eingestuft. In China und Südkorea gibt es militärisch organisierte Camps für smartphone- und onlinesüchtige Jugendliche. Durch extreme Disziplin und die völlige Abwesenheit von Bildschirmen soll ein angemessener Umgang mit Technologie ermöglicht werden. In Japan sinken die Geburtenraten unter anderem, weil junge Männer ihre sexuelle

Befriedigung komplett im Internet finden und nicht mehr in der Lage sind, Beziehungen zu real existierenden Frauen aufzubauen. Es gibt für jeden Menschen weltweit ziemlich genau ein Mobiltelefon, die Hälfte davon sind Smartphones. Die sind sehr ungleich verteilt: Die Zahl der Menschen, die Zugang zu mindestens einem haben, liegt bei sechs Milliarden. Die Zahl der Menschen, die Zugang zu einer Toilette haben, liegt bei lediglich 2,5 Milliarden. Toiletten gibt es seit den Babyloniern, Mobiltelefone gerade mal gut 30 Jahre.

Technologie verspricht uns ein besseres Leben, ein schnelleres und schöneres. Die Werbung von Big Tech, also den Firmen aus dem Silicon Valley, von Produktherstellern und Einzelhändlerketten verspricht uns ein Leben auf der Sonnenseite, wenn wir nur ausreichend viel Technologie kaufen, besitzen und nutzen. Glücklich werden wir, wenn wir das neueste Telefon, das neueste Tablet, das neueste Auto, die neueste Mikrowelle, die neueste elektronische Haarbürste kaufen. Das beste Leben haben wir, wenn wir die Spuren unseres Denkens und Handelns auf sozialen Netzwerken hinterlassen. Wenn wir dem glauben und folgen, was uns in sozialen Medien als das Leben anderer verkauft wird. Wenn wir unsere Egos mit Likes füttern. Wenn wir Daten produzieren und anonymen Instanzen zur Verfügung stellen. Wenn wir in von Algorithmen gebauten Blasen unsere Wahrheit für die einzig richtige halten und nur noch mit Menschen kommunizieren, die wie wir denken, handeln und leben. Technologie bringt uns ein weniger echtes Leben. Die Kommunikation mit anderen geht uns leichter von der Hand, wir sind schneller im Sammeln von Informationen, im Finden von Wegen, den besten Restaurants und angesagtesten Bars. Wir reisen schnell, schaffen damit die Illusion einer Omnipräsenz, sind überall und nirgendwo. Wir kreieren uns eine digitale Hülle, die nicht im virtuellen Raum bleibt, sondern in den analogen Raum ragt. Wer in sein Handy vertieft ist, ist nicht ansprechbar und nimmt die echte Welt nicht wahr. Wer im Auto sitzt, ist nicht sozial, er ist egoistisch. Was ich genau damit meine, erkläre ich in ein paar Absätzen! Wer mit Instanzen in der Ferne kommuniziert, redet nicht mit dem Nächsten. Eine anonyme Person auf der anderen Seite der Erdkugel ist uns wichtiger als das Schicksal unserer Nachbarn.

Der Mensch hat sich über seine Kulturgeschichte vom Homo Faber, dem fabrizierenden, dem herstellenden Menschen, zum Homo Creator, dem erschaffenden Menschen, gewandelt. Der Philosoph Hans Poser hat es auf den Punkt gebracht: Schon eher einfache Objekte wie das Rad haben kein Vorbild in der Natur, kommen im ursprünglichen Umfeld der Menschheit nicht vor. Der Mensch hat sie mit seiner Kreativität, seiner Imagination, seiner Kombinationsgabe, seiner Kommunikationsfähigkeit, seiner Intelligenz erschaffen. Für Artefakte wie Autos, Computer, Handys oder das Internet gilt das erst recht.

Wir erschaffen uns mit Technologie immer wieder eine neue Umwelt, der wir uns gnadenlos aussetzen. Wir als Menschheit verändern unsere Welt, die Welt, in der wir leben und von der wir abhängig sind, die Art, wie wir damit umgehen. Das ist ein völlig normaler Vorgang. Wenn Astronomen Leben im All finden wollen, suchen sie nach Planeten, die nicht im Originalzustand sind, sondern durch Leben verändert wurden. Jedes Leben verändert seine Umwelt. Das ist ein Zeichen von Leben. Es kann nicht anders sein. Es gibt kein anderes bekanntes Lebewesen, was seine Umwelt so stark verändert hat wie der Mensch. Der Mensch ist im Laufe der Jahrtausende von einem harmlosen, unbedeutenden Säuger zum gefährlichsten Raubtier der Erdgeschichte geworden. Überall, wo der Mensch im Laufe seiner Geschichte auftauchte, wurden Tier- und Pflanzenarten ausgerottet. Meistens mussten die großen Säugetiere als Erstes dran glauben. Wir haben die Vielfalt von Pflanzen und Tieren so sehr reduziert, dass unser Lebensraum immer kleiner wird. Technologie ist ein zentraler Faktor dabei. Wir haben Waffen geschaffen, um Beute zu erlegen. Wir nutzen Sonargeräte, um Fische im Meer zu finden und zu fangen. Mit Traktoren haben wir Monokulturen auf den Feldern geschaffen. Mit Motorsägen fällen wir hektarweise die Urwälder ab. Wir reisen in Flugzeugen in kurzer Zeit um die Welt, um irgendwo auf dem Planeten zu sein, Exotisches zu essen und zu trinken, Menschen zu treffen, die wir nie wirklich kennenlernen, und unser Selbst zu stimulieren, indem wir uns Wichtigkeit vorgaukeln. Die Geschwindigkeit der Veränderung, der wir uns fortlaufend und konstant aussetzen, steigt exponentiell und ein Ende ist nicht abzusehen. In den letzten 20 Jahren dreht sich unsere Welt immer schneller. Die Allgegenwart von drahtloser Datenübertragung, das Smartphone als Universalwerkzeug im Alltag, künstliche Intelligenz und Elektronik im Auto: All das ist spannend, all das hat viele Vorteile, es hat unsere Welt erheblich verändert. Diese Veränderungen sind nicht immer zum Positiven, sie bringen erhebliche Nachteile mit sich, von der physischen über die psychische und seelische bis in die digitale Welt. Das wird sich in der absehbaren und vorstellbaren Zukunft nicht ändern. Im Gegenteil: Was genau wann kommt, lässt sich nur schwer vorhersagen. Alle Prognosen haben das Problem, dass sie nur den Istzustand in die Zukunft verlängern. Hans Dominik war ein Science-Fiction-Autor aus dem Deutschland der 1920er Jahre. Seine Visionen von der Zukunft basiert immer auf der Technologie seiner Zeit, es war in der von ihm geschilderten Zukunft alles nur schneller, größer, umfassender. Autoklaven, also Druckbehälter, in denen chemische und physikalische Vorgänge ablaufen, produzierten neue radioaktive Werkstoffe, Autos fuhren mit 200 PS, Bergwerke gingen viele Kilometer in die Tiefe.

Seine Protagonisten kommunizierten im Jahr 2000 per Brief, Telekommunikation war drahtgebunden und Vernetzung über das Persönliche hinaus fand nicht statt. Das soll kein Vorwurf an Dominik sein, andere Schriftsteller waren auch nicht besser in ihren Vorhersagen. Es zeigt auf, dass unsere Jetztzeit, unser Erleben, also der Status quo die Vorhersagen für unsere Zukunft erheblich beeinflusst. Zukunft ist nicht linear, Parameter schrumpfen oder wachsen schneller als erwartet, Unvorhergesehenes hat spürbare Folgen, Dinge passieren.

Was sicher vorhersagbar ist: Wir sind am Beginn einer exponentiellen Entwicklung. Neue Technologien werden kommen. Das Internet wird über das Satellitensystem Starlink auch in den letzten Ecken dieser Welt verfügbar sein. Die Automatisierung des Fahrens, künstliche Intelligenz, Quantencomputing, das sind Themen, die heute sichtbar sind, die die nächsten fünf, maximal zehn Jahre betreffen. Wir müssen bei weitergehenden Vorhersagen aufpassen, nicht in die gleiche Falle wie Dominik zu tappen: Die genannten Themen, viele weitere sind heute sichtbar, all das sind lineare Erweiterungen der Jetztzeit, alles wird kommen, so wie angedacht oder anders, und noch einiges mehr dazu.

Etwas aus meinem sehr privaten Leben: ein dunkles Schlafzimmer, zwei Menschen unter der Bettdecke. Die machen dort, was zwei Menschen gern unter einer Bettdecke miteinander machen. Das Smartphone liegt auf dem Nachttisch. Als es gerade am schönsten ist, sagt es: »Wie kann ich Ihnen behilflich sein?« Das ist doch so ein Moment, in dem man sich fragt: »Echt jetzt? Auch beim Sex?« Wir werden kontrolliert, verfolgt, sind nie allein. In unserer Kernkompetenz, der Weitergabe unserer Gene, werden uns von Technologie Tipps und Tricks gegeben. Wir sind überall, wir wissen alles, wir kontrollieren jedes, jede und jeden. Das ist der Schritt zum Homo Deus, dem göttlichen Menschen. Dem Allwissenden, Allkontrollierenden, Allmächtigen.

Niemand, außer vielleicht ein paar ganz abgedrehte Nerds, will Technologie nutzen. Es steht hinter der Nutzung von Technologie, von Produkten, Systemen und Services immer ein höherer Sinn. Niemand nutzt eine Uhr, weil sie eine Uhr ist, sondern weil man wissen will, wie spät es ist. Niemand nutzt eine Waschmaschine, weil sie eine Waschmaschine ist, die Menschen wollen saubere Wäsche haben. Niemand nutzt ein Auto oder ein Flugzeug, weil es ein Auto oder ein Flugzeug ist, Fahrer und Passagiere wollen von A nach B kommen, und das möglichst schnell, billig, sicher und bequem. Niemand nutzt ein Smartphone, weil es ein Smartphone ist, wir wollen kommunizieren, fotografieren, spielen, uns informieren und unterhalten werden. Man nutzt keine Smarthome-Steuerung, Ziel ist, es schön warm oder schön kühl, die richtige Beleuchtung und einen vollen Kühlschrank zu haben.

Es ist das große Paradox der Technologie: Auf der einen Seite wird alles einfacher, aber es fühlt sich schwerer an. Während der Lockdowns in den Jahren 2020 und 2021 wurde das Arbeitsleben vieler erheblich verändert. Statt morgens im Stau oder im ÖPNV zu stehen, statt Zeit mit Pendeln zu verschwenden, konnten wir von zu Hause den größten Teil unserer Jobs erledigen. Statt durch lange Flure zu hetzen, um Meetingräume und Büros aufzusuchen, konnten wir jede und jeden per Videocall oder Telefon erreichen. Statt ständig von Kollegen mit Fragen abgelenkt zu werden, konnten wir fokussiert unsere Aufgaben abarbeiten. Trotzdem hat sich das Arbeitsleben, hat sich die Nutzung von Technologie schwer, haben sich Kommunikation und Austausch als Last angefühlt. Wir waren irgendwann an dem Punkt, an dem wir Technologie als Bürde empfanden. Es gab Videokonferenz-Ermüdung, Vereinsamung, Lustlosigkeit.

Ich bin weit davon entfernt, Technologie pauschal zu verurteilen. Ganz im Gegenteil, sie hat viel zu viel Positives bewirkt, hat unsere Leben länger, besser, sicherer gemacht. Ich wäre nicht seit über 30 Jahren in der Technologieentwicklung, würde meine Rechnungen nicht mit Zahlungen von Technologiefirmen begleichen und sähe meine Lebensaufgabe nicht darin, die Brücke zwischen unseren Steinzeitgehirnen und der technischen Umwelt zu schließen, wenn ich grundsätzliche Zweifel hätte.

Es ist eine Frage der Balance: der Balance zwischen Nutzen und Überforderung, zwischen Investition und Gewinn, zwischen Integration und Ausschluss, zwischen Kommunikation und Ignoranz.

Technologie ist per se weder gut noch schlecht, sie wird durch unser Handeln zu guter und schlechter Technologie. Die gute Nachricht ist: Wir haben unser Handeln unter Kontrolle und können mit unserem Verstand und den entsprechenden Werkzeugen die Veränderungen initiieren, die wir für ein besseres Leben brauchen.

Das Auto ist, nach unseren Häusern und Wohnungen, für die meisten das teuerste Objekt, das wir uns im Leben anschaffen. Es ist für die meisten Menschen inzwischen auch das komplexeste Produkt, das wir regelmäßig nutzen. Die Datenanbindung des Autos, seine neue Funktion als Knoten im Internet der Dinge steigert die Komplexität noch einmal. Und das ist keine Komplexität, die wir, wie es bei Motoren heute passiert, unter Plastikabdeckungen verschwinden lassen können. Die zukünftige Komplexität des Autos – und anderer Technologien – wird sich immer mehr in Richtung des Menschen verlagern. Wir als Nutzer nehmen sie wahr, werden damit konfrontiert und sind verpflichtet, diese Komplexität zu verstehen und zu beherrschen. Mobiltelefone sind in den letzten 25 Jahren von reinen Telefonapparaten mit mäßiger Sprachqualität und ständigen Abbrüchen der Verbindung zu multifunktionalen Werkzeugen geworden. Von einem teuren, exotischen

Gerät für Geschäftsleute sind sie innerhalb weniger Jahre zu allgegenwärtigen Systemen für alle geworden.

Mit der Einführung des ersten Smartphones 2007 wurden die Geräte vielseitiger, einfacher und beliebter. Funktionen, die vorher auf verschiedene Geräte verteilt waren, wie fotografieren, Musik hören, navigieren, kommunizieren, sind jetzt in einem Gerät, in einer Hülle vereint. Weit mehr als die Hälfte der Weltbevölkerung hat heute schon ein solches Gerät, Tendenz steigend.

Smartphones lösen eine unüberschaubare Menge an Problemen, von der Buchung von Flugtickets über Fahrplanauskünfte, Kontrolle von Schlaf und Fitness, das Lesen von Nachrichten, die Nutzung von sozialen Medien bis hin zur Verwaltung der eigenen Finanzen. Und, bevor ich es vergesse, miteinander kommunizieren kann man damit auch, Nachrichten verschicken und telefonieren. Smartphones verändern Gesellschaften und Menschen. Viele Teile Afrikas haben den Sprung von der sprichwörtlichen Buschtrommel zur drahtlosen Kommunikation unter Umgehung des Festnetzes geschafft. Bauern, die früher mit ihrer Ware vom Dorf in die Stadt gezogen sind, nur um festzustellen, dass es keinen Bedarf danach gibt, können heute im Vorfeld klären, wer was braucht, und die Früchte und Tiere mitbringen, die gekauft werden.

In all den Jahren, die ich mich mit dem Verhältnis von Mensch und Technik auseinandergesetzt habe, ist mir eines immer klarer geworden: Technologie hat zwei fette Probleme. Wie oft hast du schon vor einem neuen Küchengerät, einem Fernseher, einer Smarthome-Steuerung gestanden und dich gefragt, wie das jetzt geht? Eine der größten Herausforderungen in meinem Leben ist es, in Hotelzimmern herauszufinden, von wo welches Licht an- und ausgeschaltet wird. Ich habe schon einige Nächte mit Beleuchtung geschlafen, weil ich nicht wusste, wie man das Licht vorm Kleiderschrank oder in der Minibar ausmacht. Wie oft hast du dir eine App aufs Handy geladen und dir war nicht klar, was man damit macht und wie? Vielleicht hast du auch schon mal in einem Mietwagen gesessen und dich gefragt: »Wie zur Hö**e soll ich diese Karre jetzt fahren?« Und, Hand aufs Herz, wie viele Stunden deines Lebens hast du schon in Schulungen vertrödelt, in denen dir irgendein kryptisches Softwarepaket von jemandem erklärt werden sollte, der es entweder zu gut oder gar nicht kannte? Das ist das erste fette Problem, das Technologie hat: Sie kann verdammt schwer zugänglich sein. Sie passt nicht zu unseren Erwartungen und Anforderungen. Sie ist so gestaltet, dass der Techniker, der Entwickler damit hervorragend klarkommt. Diese Menschen gehören zur Gattung Homo logicus, wie der von mir sehr geschätzte Alan Cooper sagt, ein US-amerikanischer Experte, Speaker und Autor im Bereich Nutzbarkeit und Zugänglichkeit von Software. Sie haben eine hohe Affinität zu Technologie, ihr Denken folgt technologischen Strukturen, sie tauchen darin ein und bewegen sich darin wie ein Fisch im Wasser. Für den großen Rest der Menschheit bleiben teils hohe bis unüberwindbare Hürden. Um die Lösung dieser Probleme kümmere ich mich in meinen Beratungsprojekten, bringe meine Klienten auf ein neues Niveau von Aufmerksamkeit, Denken, Handeln und Entscheiden, indem ich das Bewusstsein für die Menschen schärfe, die am Ende ein Produkt nutzen wollen.

Das zweite fette Problem von Technologie ist etwas anders gelagert. Technologie hat uns immer ein besseres Leben versprochen, ein einfacheres, ein schnelleres. In vielen Momenten liefert sie uns das auch. Sie beschert uns aber auch ein weniger echtes Leben. Technologie gaukelt uns Echtheit, Nähe, Wärme vor. Sie macht das verführerisch gut. Es treten immer wieder Risse im Gefüge auf, immer wieder blitzt im Bewusstsein durch, dass da etwas nicht stimmt. Am Ende geben wir uns gern der Illusion hin, alles ist gut und alle handeln zu unserem Besten. Eine Textnachricht ersetzt kein Gespräch, ein Emoji kein Gefühl und eine Videokonferenz gibt uns kein komplettes Bild vom Gegenüber. In extremen Fällen nimmt uns Technologie in Geiselhaft und wir entwickeln das Stockholm-Syndrom, wir entwickeln positive Gefühle gegenüber unseren Entführern. Wir lieben die Abhängigkeit, weil sie süß ist und billig erscheint. Billig erscheint sie, weil wir die wahren Kosten nicht sehen. Soziale Medien sind nicht umsonst, nur weil wir kein Geld für die Nutzung zahlen. Wir zahlen mit unseren Daten. Streamingdienste kosten nicht die 9, 19 oder 29 Euro pro Monat, die von unseren Konten abgebucht werden. Sie kosten unsere Zeit. Das Internet ist keine Gratis-Spielwiese. Wir zahlen mit unserer Aufmerksamkeit. Wir geben uns, unsere Leben, unsere Gedanken preis, wir geben lustvolle Lebenszeit, wir liefern unseren Fokus ab, um am Ende oft ausgelaugt und mit dem Gefühl, dass da etwas komplett schiefläuft, zurückzubleiben.

Ich habe neulich mit einem alten Schulfreund in der Kneipe gesessen oder, genauer gesagt, bei Regen und eher kühlen Temperaturen davor. Es war schon Coronazeit. Er weigert sich konsequent, ein Smartphone zu besitzen. Er priorisiert die Nachteile der Technologie für sich persönlich und die Gesellschaft so hoch, dass er auf die Vorteile bewusst verzichtet. Er konnte sich nicht mit der üblichen App in der Kneipe einchecken und so blieben wir draußen sitzen. Damit kann ich leben, dieser Freund ist ein in allen Aspekten sehr konsequenter Mensch mit starker Meinung. Das kann ich gut akzeptieren.

Er wollte irgendwann, dass ich »auf dem Ding da« (er zeigte dabei auf mein Smartphone) schaue, wie das Fußballspiel stand. Irgendein internationaler Kick lief parallel, dessen Ergebnis ihn doch so sehr interessierte, dass er die Vorbehalte gegen Smartphones so weit beiseitebeiseite schob, dass er mich danach fragen konnte. Das zeigte mir, wie zentral Smartphones sind, wie sehr wir an ihnen hängen und wie wenig sich selbst bekennende Verweigerer dieser Technologie dauerhaft und in allen Lebenslagen entziehen können.

Wir bekommen erst dann die Kontrolle über unser Leben und damit unsere Freiheit zurück, wenn wir nicht mehr jeder digitalen Karotte hinterherrennen, wenn wir aus dem technischen Hamsterrad aussteigen. Wir können uns nicht als freie Menschen mit einem freien Willen betrachten, wenn wir bei jedem Piepser das Smartphone in der Hand haben, für 100 Meter Wegstrecke das Auto bemühen müssen oder ohne eine Videoanleitung aus dem Internet keine Nudeln mehr kochen können. Darum soll es in diesem Buch gehen. Wie können wir im Zusammenspiel mit Technologie uns als Menschen treu bleiben, uns zur besten Version unserer selbst entwickeln? Wie können wir die Gravitation, die Technologie auf uns ausübt, so wenden, dass wir im Fahrersitz der Interaktion bleiben, wir Chefin und Chef im Ring sind? Wie können wir den Nutzen, den Technologie unbestreitbar hat, realisieren, ohne unsere Freiheit, unsere Seele und unsere Zeit zu verkaufen?

WORAN LIEGT ES: AUF SPURENSUCHE

»Der Mensch ist sozusagen eine Art
Prothesengott geworden, recht großartig,
wenn er alle seine Hilfsorgane anlegt,
aber sie sind nicht mit ihm verwachsen
und machen ihm gelegentlich noch viel zu
schaffen. Der Mensch hat übrigens ein Recht,
sich damit zu trösten, dass diese Entwicklung
nicht gerade mit dem Jahr 1930 A. D. abgeschlossen sein wird. Ferne Zeiten werden
neue, wahrscheinlich unvorstellbar große
Fortschritte auf diesem Gebiete der Kultur
mit sich bringen, die Gottähnlichkeit
noch weiter steigern.«

Sigmund Freud

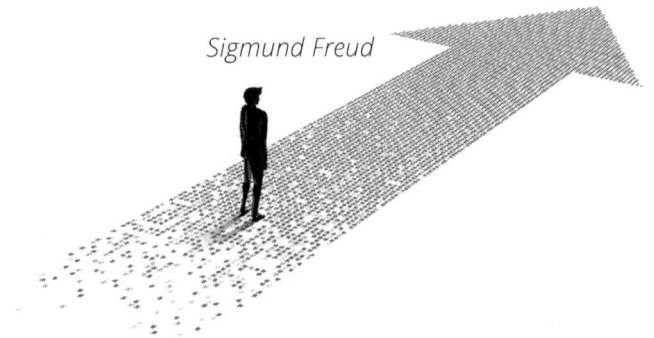

Wie auch immer man zu Sigmund Freud steht, wie auch immer man seinen Beitrag zu Psychologie und Psychoanalyse sieht, wie auch immer man den Erfolg seiner Therapieformen beurteilt, mit diesem Zitat hat er einen Treffer gelandet. Es stammt aus einem ca. 20-seitigen Artikel von 1930, in dem er sich mit Technologie und der Auswirkung davon auf den Menschen beschäftigt. Technologie, alle Geräte, Systeme, Produkte und Services sind unsere Prothesen. Sie bewegen uns schneller, als wir es von Natur aus können. Sie lassen uns fliegen. Sie lassen uns mit Menschen kommunizieren, die am anderen Ende der Welt sind. Sie geben uns Zugriff auf einen großen Teil des Wissens der Menschheit. Gleichzeitig haben wir mit Technologie Probleme, empfinden sie als Last, als schwer zugänglich und fragen uns oft, warum das jetzt alles so kompliziert sein muss.

Der Mensch ist, je nach Sichtweise, ein Glücksfall oder ein Unfall der Evolution. Vor 300.000 Jahren war überhaupt nicht klar, dass dieser hilflose Säuger, dieses Wesen ohne Klauen, lange oder scharfe Zähne und Schutzpanzer, zum gefährlichsten Wesen des Planeten wird und ihn werden und ihn mehr verändern würde als jede andere Lebensform, bis hin zur Vernichtung der eigenen ökologischen Nische. Unsere Vorfahren waren irgendwo in der Mitte der Nahrungskette, fraßen und wurden gefressen. Die Idee, der Mensch könnte sich an die Spitze begeben, war absurd.

Der Mensch ist ein Defizitwesen. Die meisten anderen Lebewesen können vieles besser als wir: Sie können fliegen, schneller rennen, besser klettern, tiefer tauchen, in kälterem Wasser schwimmen, Radioaktivität besser verkraften, besser hören, besser sehen, schneller und fester zupacken. Sie haben Klauen und Reißzähne, mit denen sie ihre Nahrung erlegen und sich verteidigen können. Sie haben Panzer oder Giftstachel, um sich gegen Angriffe zu schützen. Es muss also etwas anderes sein, was dem Menschen die von Freud angesprochene Göttlichkeit verschafft, was uns zum gefährlichsten Räuber des Planeten macht, was uns in die Lage versetzt, unsere Umwelt bis zur Selbstauslöschung zu verändern.

Technik, technologische Artefakte, Geräte und Systeme kompensieren die Defizite. Sie erlauben uns, zu fliegen, schnell zu fahren, zu tauchen, Lasten zu heben, Unhörbares zu hören und Unsichtbares zu sehen. Wir reden hier von Flugzeugen, Autos, U-Booten, Kränen, Lautsprechern, Mikroskopen und Smartphones. Wir haben uns Pfeil und Bogen gebaut, um Beute zu erlegen, Schwerter und Hämmer geschmiedet, um Artgenossen anzugreifen, und Panzer aus Metall, um diesen Angriffen zu widerstehen. Das sind nur ein paar wenige der Technologien, die wir uns geschaffen haben, um unsere Defizite zu kompensieren. Die Technologien treffen auf ein Genom, das uns optimal an das Leben in der Steinzeit anpasst, an das Jagen, Sammeln, gemeinsame Abhängen, an ein Leben in Gruppen von vielleicht 50 Personen. Kommunikation in überschaubaren Gruppen, auf Sichtweite. Wir fahren heute zu schnell, wir fliegen zu hoch, wir kommunizieren zu komplex. Wir kommunizieren komplex mit Menschen, die nicht am gleichen Ort sind wie wir und die wir oft nicht kennen. Dass da Probleme auftreten, ist offensichtlich, das muss so sein. Das Auftreten dieser Probleme sichert Menschen wie mir, Menschen, die sich mit Usability, User Experience, also mit Technologiegestaltung, beschäftigen, den Lebensunterhalt. Um es mit dem Vokabular von Freud zu sagen: Menschen wie ich sorgen dafür, dass die Prothesen, die wir uns geschaffen haben, passen, dass das "Fremdeln" reduziert wird, sie uns weniger zu schaffen machen. Mit seiner Vorhersage, es gehe nach 1930 erst richtig mit der Entwicklung von Technologie los, es stünden Dinge an, die man sich zu seiner Zeit nicht vorstellen konnte, da hatte er mehr als recht. Ich bezweifle, dass er die Geschwindigkeit, mit der Technologie sich entwickelt, vorhersehen konnte. Die Richtung stimmte, die Geschwindigkeit, mit der Technologie omnipräsent wurde und nun jeden Bereich unseres Lebens durchdringt, hatte er wahrscheinlich unterschätzt. Die Erkenntnis, dass wir als Menschen mit der Technologie, der Maschinenwelt fremdeln, die Prothesen, die unsere Defizite ausgleichen, uns oft fremd erscheinen, war prophetisch.

Das Betriebssystem: unser genetisches Erbe

Das Leben auf der Erde ist vor rund vier Milliarden Jahren entstanden. Also vor 4.000.000.000 Jahren. Es gibt alternative, stark religiöse Sichtweisen wie die der Junge-Erde-Kreationisten, die von 4.000 Jahren oder 10.000 Jahren erzählen. Die erdrückende Mehrheit der Wissenschaftler und die entsprechenden Erkenntnisse deuten auf eben jene vier Milliarden Jahre hin. Ganz wunderbar wird das in Neil Shubins »Geschichte des Lebens« beschrieben. Was genau damals passiert ist, ist unklar und wird sich wohl nie ganz klären lassen. Eine Pfütze mit organischen Molekülen, in die ein Blitz eingeschlagen hat, ist in der Diskussion. Unterwasserschlote, aus denen Gase und Dämpfe ausgetreten sind, sind in der engeren Wahl. Am Ende ist das »Wie« eher zweitrangig. Entscheidend ist, es ist passiert.

Im Moment geht es mir um die zeitliche Dimension. Um die Größenordnung hinter den reinen Zahlen zu verstehen, bietet sich ein Gedankenexperiment an. Stellen wir uns vor, wir stehen mit ausgebreiteten Armen da. Die vier Milliarden Jahre werden durch die Spanne zwischen der Kuppe des linken Mittelfingers und der des rechten repräsentiert. Das sind bei einem leicht überdurchschnittlich großen Menschen ungefähr zwei Meter. Wir nehmen der Einfachheit halber diese zwei Meter an.

Wenn wir bei null, also vor vier Milliarden Jahren am linken Mittelfinger starten, finden wir bis zur Körpermitte ausschließlich einzelliges Leben. Es gab unterschiedliche Arten von Zellen, die miteinander in Konkurrenz standen. Auf Höhe der linken Schulter ändert sich die bis dahin existierende Atmosphäre aus Wasserstoff und Helium. Einige der einzelligen Lebewesen haben begonnen, Sauerstoff zu produzieren, was für andere der einzelligen Lebewesen die absolute Katastrophe war. Sie starben daran.

Sauerstoff ist eine Grundlage für komplexes mehrzelliges Leben. Zellen haben konsequenterweise begonnen, sich in Gruppen, in Zellhaufen, zusammenzuschließen, um im Überlebenskampf gegen andere Zellen einen besseren Stand zu haben. Im Laufe der Zeit spezialisierten sich einzelne Zellen innerhalb der Zellhaufen und das mehrzellige Leben, wie wir es heute bei Pflanzen und Tieren kennen, begann.

Vor 600 Millionen Jahren, entsprechend in der Mitte des rechten Unterarms, ungefähr 30 Zentimeter von der rechten Mittelfingerkuppe entfernt, entwickelten sich Schwämme und Quallen. Vor 500 Millionen Jahren gab es die ersten Fische, vor 360 Millionen Jahren betrat das tierische Leben das feste Land.

> »Viele kamen allmählich zu der Überzeugung, einen großen Fehler gemacht zu haben, als sie von den Bäumen heruntergekommen waren. Und einige sagten, schon die Bäume seien ein Holzweg gewesen, die Ozeane hätte man niemals verlassen dürfen.«

Douglas Adams

Das Tier, das nach heutigem Stand diesen Schritt vom Wasser ans Land gemacht hat, war der Tiktaalik, ein amphibienähnliches Wesen, das am Kopf aussah wie eine Echse und am Schwanz wie ein Fisch mit Beinen.

Auf Mitte der rechten Handfläche, vor 235 Millionen Jahren, begann das Zeitalter der Dinosaurier. Es endet am Beginn des letzten Gliedes des rechten Mittelfingers, was einem Zeitraum von 65 Millionen Jahren entspricht. Gleichzeitig beginnt die Ära der Säugetiere. Erste menschenähnliche Säuger tauchen vor zwei Millionen Jahren auf. Das entspricht der Länge des Nagelstücks, das wir beim Nägelschneiden abtrennen, ungefähr einen Millimeter lang also.

Du merkst, wie verdammt eng es wird? Der Homo erectus liegt bei 0,15 Millimetern, Homo sapiens bei 0,035 Millimetern und der Beginn dessen, was wir als Zivilisation verstehen, also die letzten 5.000 Jahre, bei 0,0025 Millimetern. Beeindruckend, oder? Es ist unglaublich viel Zeit vergangen, bis der Mensch aufgetaucht ist und die Welt bewusst verändert hat. Die Zeit, in der wir Technologie entwickelt haben, ist mit dem Bild der ausgestreckten Arme nicht mehr sinnvoll darstellbar. Der Mensch, wie wir ihn heute kennen, ist von der Evolution über eben diese vier Milliarden Jahre perfekt auf die Umgebung, auf die Lebensbedingungen hin selektiert worden, sie vor 10.000 Jahren herrschten. Im Genom hat sich seitdem nichts Essentielles verändert, von der Laktosetoleranz vielleicht einmal abgesehen. Unsere Welt hat sich radikal verändert. Sie ist durch uns Menschen radikal verändert worden.

Aus dieser Diskrepanz entstehen die Probleme, die wir mit unserer Welt haben, die wir im Umgang mit Technologie erfahren. Das Aufeinandertreffen von Steinzeitgenen und Hightech verursacht einen großen Teil der Probleme, die ich in diesem Buch diskutiere.

Der Mensch: Abgrenzung zum Tier

Der Mensch, dieses flugunfähige, unbewaffnete, weitgehend ungeschützte Lebewesen ist einzigartig in der Natur, einzigartig in seinem Einfluss auf die Umwelt, einzigartig in der Eigenschaft, die eigene ökologische Nische immer mehr zu verkleinern, einzigartig in der Schaffung und Nutzung immer komplexerer Werkzeuge. Das wirft die Frage auf, was die besondere Stellung des Menschen in der Natur begründet. Was sind die eindeutigen Merkmale des Menschseins?

Lange galt der Gebrauch von Werkzeugen als typisch für Menschen. Wir kennen inzwischen Vogelarten, die Stöckchen zur Nahrungsgewinnung verwenden, Ameisenbären tun das auch und Affen nutzen Steine und Holzstücke zum Öffnen von Nüssen. Die Beispiele lassen sich beliebig fortsetzen. Delphine nutzen Schwämme, um sich bei der Nahrungssuche zu schützen. Elefanten vertreiben Insekten mit Ästen, die sie mit dem Rüssel schwingen. Fische nutzen Steine zum Öffnen hartschaliger Beute.

Nachdem der Werkzeuggebrauch ausgeschieden ist, um den Unterschied zwischen Mensch und Tier zu definieren, rücken die Emotionen in den Fokus. Der Mensch fühlt, das Tier nicht. Wir wissen nicht, wie Tiere fühlen, und werden es vielleicht nie erfahren. Ein Löwe, der bei Nacht durch die Savanne streift, mag tief beeindruckt sein von der Schönheit der Natur oder des Sternenhimmels. Eine Hauskatze mag ihre Form der tiefen Liebe zu dem Wesen entwickeln, das Dosen öffnet und das Klo säubert. Insekten könnten patriotische Gefühle zu ihrem Volk haben.

Wirklich wissen wir das nicht. Die Forschung hat inzwischen mehr als genug Indizien dafür, dass Tiere fühlen. Großbritannien, Neuseeland und Spanien haben Tiere gesetzlich als fühlende Wesen mit entsprechenden Rechten anerkannt. Also auch hier: Der Parameter

Emotionen ist nicht tauglich, um die Einzigartigkeit des Menschen zu beschreiben.

Die Entstehung des Homo sapiens, des schlauen und denkenden Menschen, wird mit der kognitiven Revolution verbunden. Aufgrund eines evolutionären Glücksfalls oder Unfalls, je nach Sichtweise, erlernte der Mensch innerhalb vergleichsweise kurzer Zeit die komplexe Kommunikation. Dazu waren zwei Dinge notwendig: die entsprechenden Strukturen und Fähigkeiten im Gehirn und die Ausbildung einer komplexen Sprache. Yuval Noah Harari stellt das in seinem Buch »Eine kurze Geschichte der Menschheit« detailliert dar.

Tiere kommunizieren miteinander. Sie alarmieren sich, wenn Feinde auftauchen, und sie informieren sich über Nahrungsquellen. Nach der kognitiven Revolution war es den Menschen möglich, Informationen auf deutlich komplexere Art auszutauschen. Absprachen wie »Wir treffen uns am nächsten Vollmond zu Sonnenuntergang an der Biegung des großen Flusses und gehen gemeinsam ein Mammut jagen« wurden möglich. Dazu kam die Fähigkeit, sich über Abstraktes auszutauschen, über Gefühle, Götter, Ideen, Erfindungen, Vertrauen. Es scheint nach heutigem Kenntnisstand eben diese Kommunikationsfähigkeit, die Ausbildung von komplexer Sprache, zu sein, die uns Menschen einzigartig macht. Dieses Buch ist ein Beispiel dafür, ebenso wie die Interaktionen auf sozialen Medien, Zeitungen, Liedtexte, Romane, Gedichte. Jeder

Small Talk, jeder Diskurs, jede Talkshow – alles Produkte von Sprache und Kommunikation. Alles Dinge, die wir aus der Tierwelt nicht kennen. Um zu erkennen, wie sich die Fähigkeit zu kommunizieren und die technologischen Möglichkeiten verändert haben, projizieren wir die Zeit, in der zwischenmenschliche Kommunikation möglich ist, also eine Million Jahre, auf einen 24-Stunden-Tag. Anfänge der Sprache entwickeln sich vor gut 100.000 Jahren, also gegen 21:33 Uhr. Es dauert über 95.000 weitere Jahre, bis die Schrift erfunden wird, das entspricht 23:58 Uhr. Der Buchdruck kommt 45 Sekunden, das Fernsehen 4 Sekunden, der Computer 3 Sekunden und das Internet 1 Sekunde vor Mitternacht.

Die Fähigkeit, komplexe Informationen auszutauschen, scheint der eine Parameter zu sein, der den Menschen einzigartig macht. Das geschah zuerst rein mündlich, vor rund 5.000 Jahren kam die Schrift dazu. Die Erfindung des Buchdrucks durch Johannes Gutenberg um 1450 ermöglichte die weite Verbreitung von geschriebenen Texten. Das Telefon erlaubt seit Mitte des 19. Jahrhunderts die Kommunikation über große Distanzen in Echtzeit. Heute nutzen wir Mails, Messenger, soziale Netzwerke, PCs und Smartphones zur Kommunikation und erreichen damit Menschen am anderen Ende der Welt in Sekunden.

Noch mal der Mensch: Abgrenzung zur künstlichen Intelligenz

In den letzten Jahren ist eine Technologie aufgetaucht, mit der eine komplexe Kommunikation möglich ist, die wie ein Mensch Entscheidungen zu fällen scheint, die riesige Mengen an Daten und Informationen sammelt, auswertet und in Aktionen umsetzt. Künstliche Intelligenz ist in unserem Alltag präsenter, als wir glauben. Von der großen Suchmaschine im Internet über die Empfehlungen der Onlinehändler bis hin zu Chatbots an Telefonhotlines: Überall haben wir schon heute regelmäßig Kontakt mit künstlicher Intelligenz. Es ist also kein Thema der Zukunft, sondern eines der Gegenwart.

Ich halte den Begriff »künstliche Intelligenz« für ein Paradoxon. Oder besser noch für ein Oxymoron, einen Widerspruch in sich. »Künstlich« und »intelligent« sind nicht vereinbar. Intelligenz ist immer an Leben gekoppelt, nicht an Silikonchips, auf denen Bits und Bytes verschoben werden. »Maschinelles Lernen« oder »selbstlernende Software« halte ich für die besseren Begriffe, um diese Technologie zu beschreiben. Da alle Welt von »künstlicher Intelligenz« spricht, beuge ich mich der Mehrheit und nutze den Begriff mit einem Grummeln im Bauch. Die Befürchtung, dass künstliche Intelligenz uns eines Tages ersetzen wird, dass die Singularität eintritt, ist weit verbreitet. Da spielen Hollywood-Blockbuster eine Rolle,

Untergangsapologeten und Schwarzmaler. Die Übernahme der Weltherrschaft, die Auslöschung der Menschheit durch sich selbst vermehrende und verbessernde Maschinen ist einfach ein zu guter Stoff, um ihn unverfilmt zu lassen. Ich sehe das etwas differenzierter.

Künstliche Intelligenz kann gruselig sein. Oft überrascht sie uns. »Ups, woher weiß die Maschine das denn jetzt über mich?« Eine Zeit lang hat mir mein Smartphone jeden Morgen eine Nachricht auf den Bildschirm geschickt, in der die Dauer meines Arbeitsweges angegeben war. Solange ich fest angestellt war und jeden Morgen ins Büro gefahren bin, war mir der Mechanismus klar. Der Anbieter des Betriebssystems zeichnet alle meine Wege auf, verknüpft die Daten miteinander und mit den Daten anderer, zieht aktuelle Bewegungs- und Verkehrsdaten hinzu und berechnet so die Zeit, die ich für den Arbeitsweg brauche. Als ich mich selbstständig gemacht habe und die meiste Zeit im Homeoffice war, hörten die Meldungen auf. Soweit nachvollziehbar.

 Richtig unheimlich wurde es, als ich mehr Zeit auf Mallorca verbrachte. Wenn ich auf der Insel war, um für meine Klienten aktiv zu werden, Reports zu schreiben, Analysen durchzuführen, Keynotes vorzubereiten, wurde mir der Weg von meiner Wohnung in Port d'Andratx zu meinem Lieblingsstrand als Arbeitsweg angezeigt. Jeden Morgen kam zuverlässig die Nachricht auf das Smartphone. Wenn ich zur Erholung auf der Insel war, kamen diese Nachrichten nicht. Woher die künstliche Intelligenz den Unterschied zwischen Vacation (also Ferien) und Workation (Mischung aus Arbeit und Ferien) kannte, ist mir nicht klar.

Künstliche Intelligenz kann hilfreich sein. Bei der Analyse von großen Datenmengen, beim Abarbeiten von Routinejobs, bei standardisierten Aufgaben. Sie bedarf einer Regulierung. So, wie auf den Gläsern mit den von mir so geliebten Seelachsschnitzeln »Lachsersatz« steht, müssten alle Anwendungen mit künstlicher Intelligenz mit »Intelligenzersatz« gekennzeichnet werden. Es handelt sich bei künstlicher Intelligenz nicht um echte. Aus meiner Sicht noch nicht mal um Intelligenz. Es gibt drei Eigenschaften, die einzigartig für den Menschen sind, die künstliche Intelligenz nicht hat: Empathie, Intuition und Kreativität. Natürlich kann ich nach einem miesen Tag eine künstliche Intelligenz anrufen, ihr erzählen, dass ich erst mein Auto gegen die Wand gefahren habe, dann aus meinem Job gefeuert worden bin und als ich nach Hause kam, feststellen durfte, dass meine Frau durchgebrannt ist. Die künstliche Intelligenz würde mit »ooohhhh, armer Peter« antworten, mir ein bisschen zuhören und mich mit ein paar Tipps und motivierenden Sprüchen entlassen. Das ist keine Empathie, das ist gefakte, also nachgemachte, Empathie. Das ist kein ehrliches Empfinden, sondern eine erlernte Reaktion. Unabhängig davon, wie viele Menschen keine echte Empathie empfinden und sie deshalb heucheln, die meisten Menschen können das und Maschinen nicht. Intuition ist definiert als das Gewinnen von Einsichten ohne den bewussten Gebrauch des Verstands. Wir fühlen oft etwas, was dem Verstand widerspricht. Wenn sich das Gefühl als richtig herausstellt und nicht der Verstand, reden wir von Intuition. Wenn Gefühl und Verstand das Gleiche sagen, ist das unkritisch. Wenn sie auseinanderlaufen, hören einige Menschen eher auf das Gefühl, andere eher auf den Verstand. Intuition entsteht durch die Verarbeitung von Informationen, die es nicht bis in das Bewusstsein schaffen. Die allermeisten Informationen, die auf unseren Körper einprasseln, werden schon sehr früh in den Sensoren, den Augen, Ohren oder Hautsensoren aussortiert. Von den Informationen, die es bis ins Gehirn schaffen, wird wiederum der größte Teil aussortiert, bevor der Rest im Bewusstsein auftaucht. Ein Beispiel: Ich sitze in dem Moment, in dem ich diese Zeilen schreibe, die Füße ruhen auf dem Boden. Die Sensoren an meinen Fußsohlen nehmen ständig Informationen über die Beschaffenheit des Bodens, seine Temperatur auf. Da diese Informationen irrelevant sind, kommen sie nicht im Bewusstsein an. Erst wenn ich, wie jetzt gerade, die Aufmerksamkeit dorthin lenke oder wenn es zu kalt, zu warm wird oder mich eine Mücke in den Fuß sticht, kommen die Informationen im Bewusstsein an. Ich habe mir angewöhnt, meiner Intuition zu folgen, auch wenn der Verstand etwas anderes sagt. In den meisten Fällen jedenfalls. Vor ein paar Monaten habe ich mich wieder vom Verstand in die Irre führen lassen. Einer der großen globalen Automobilzulieferer hat bei mir angeklopft. Wir haben lange geredet. Die Themen stimmten, das Format der geplanten Zusammenarbeit war in Ordnung, Geld, örtliche Flexibilität, alles gegeben. Und dazu die Firma XY im Kundenportfolio. Obwohl meine Intuition ganz laut schrie: »Lass es, da stimmt was nicht«, habe ich unterschrieben. Nach drei Monaten habe ich die Reißleine gezogen. Der Kunde war von Inkompetenz getrieben, wollte nur mein Netzwerk für seine Kundengewinnung nutzen und zahlte nicht pünktlich, nicht ein einziges Mal. Künstliche Intelligenz kann naturgemäß nicht intuitiv sein. Software, und seien es noch so ausgeklügelte Algorithmen, hat kein Bauchgefühl. Sie nutzt nur das, was wir für ihren Verstand halten. Sie analysiert große Datenmengen und verknüpft mittels Algorithmen einzelne Elemente davon. Wenn eine künstliche Intelligenz ausreichend korrekte Daten hat oder das glaubt, kann sie Entscheidungen fällen, die Intuition imitieren. Es handelt sich nicht um ein echtes Bauchgefühl, sondern um ein nachgemachtes. Auch hier wieder, wie bei der Empathie, wird eine typisch menschliche Eigenschaft nachgebaut. Vor ein paar Wochen habe ich im Radio einen neuen Nirvana-Song gehört. Nirvana war eine Grunge-Band aus den Neunzigerjahren, deren Sänger und Gitarrist Kurt Cobain sich 1994 mit einer

Schrotflinte das Leben nahm. Dieser neue Song war nicht in den Archiven aufgetaucht, er war von einer künstlichen Intelligenz neu komponiert worden. Ist das jetzt ein Nachweis der Kreativität von künstlicher Intelligenz? Die künstliche Intelligenz ist mit großen Datenmengen gefüttert worden, mit allen Nirvana-Songs, mit anderen Grunge-Songs, mit Songs anderer Genres. Dazu wahrscheinlich noch mit jeder Menge Daten zu Popmusik, der Struktur von Rocksongs, Themen der Texte usw. Die künstliche Intelligenz hat das Vorhandene verarbeitet und nach allgemeingültigen Regeln neu zusammengesetzt. Hätte Nirvana nie einen einzigen Song geschrieben und aufgenommen und hätte sich Kurt Cobain fünf Jahre früher das Leben genommen, wäre die künstliche Intelligenz nicht in der Lage, den Song zu schreiben, den sie geschrieben hat. Das können nur Menschen.

Das alles heißt nicht, dass künstliche Intelligenz nicht zu überraschenden Ergebnissen kommen kann. Dass sie nur das wiederholt und neu kombiniert, was wir ohnehin schon wissen. Die Ergebnisse können ungewöhnlich, überraschend, überzeugend oder nutzlos sein. Sie können uns gruseln lassen, weil wir nicht verstehen, wie sie zustande kommen. Eine KI hat gelernt, aus Röntgenbildern die Hautfarbe der Patienten zu ermitteln, und niemand weiß, wie sie das gelernt hat. Eine andere schlägt Polizisten in den USA immer vor, mehr farbige Menschen zu verhaften, weil die Polizisten das in der Vergangenheit immer getan haben. Künstliche Intelligenz kann uns beunruhigen, sie kann erstaunlich Positives und erschreckend Negatives tun. Aber keine KI ist empathisch, intuitiv und kreativ.

Um es auf den Punkt zu bringen: Wir Menschen unterscheiden uns von Tieren durch die Fähigkeit, komplex kommunizieren zu können, uns in Sprache, mündlich wie schriftlich, mitteilen zu können sowie durch Empathie, Intuition und Kreativität von künstlicher Intelligenz. Eine komfortable Situation, wie ich finde. Wir sollten diese privilegierte Position nicht verschenken. Wir sollten es uns nicht in der technologischen digitalen Komfortzone bequem machen, uns von den großen Playern aus dem Silicon Valley manipulieren lassen, unsere Zeit, unseren Fokus und unser Geld nicht für nutzlose Information, sinnbefreite Kommunikation mit Unbekannten und das Legen von Datenspuren verschwenden.

Das große Unbekannte in unserem Kopf: das menschliche Gehirn

Das menschliche Gehirn ist die komplexeste Struktur, die wir im Universum kennen. Es besteht aus geschätzten 80-100 Milliarden Nervenzellen, die alle mit 1.000, teilweise bis zu 10.000 anderen Nervenzellen kommunizieren. Den aktuellen Stand der Forschung bildet die Arbeit von Suzana Herculano-Houzel sehr gut ab. Das ist so, als würde ein Volk in der Größe des 10- bis 15-fachen der Weltbevölkerung ständig mit dem Smartphone-Messenger Nachrichten verschicken. Jeder an Tausende andere, jeder mehr oder weniger direkt an alle anderen. Alle gleichzeitig, und das mit unterschiedlichen Nachrichten. Das ist ein ungefähres Abbild dessen, was in unseren Gehirnen passiert. Wir wissen viel über unser Gehirn, realistisch betrachtet kratzen wir aber nur an der Oberfläche. Wir verstehen die groben Strukturen und die mechanistischen Grundlagen. Wir haben eine Idee davon, was wo im Hirn verortet ist. Wir wissen viel über das Zusammenspiel der Neuronen, über ihre Verbindungen untereinander, welche Rolle Botenstoffe und welche Hormone spielen. Am Ende ist es so, als würden wir versuchen, die politischen Vorgänge in der Europäischen Union zu verstehen, wenn wir mit einem Flugzeug in 10.000 Metern Höhe darüber hinweg fliegen. Wir sehen Städte und Dörfer, Flüsse, Meere, Straßen, Bahnlinien, Flughäfen, eventuell die Grenzen zwischen den Ländern. Was wir nicht sehen, sind die Menschen, ihre Beweggründe, ihre Motivationen, ihre Gedanken. Wir erkennen die Kommunikation zwischen den Menschen nicht, was und warum sie miteinander reden. Wir erkennen den Sinn, den Zweck nicht, der hinter einzelnen Handlungen steht. Wir betrachten die Komplexität aus so großer Höhe, dass sie stark vereinfacht wird.

Der Mensch, seine Funktionsweise und auch das Gehirn wurden im Laufe der Zeit immer durch die jeweils aktuelle Technologie erklärt. Als Uhren die höchstentwickelte Technologie waren, wurde der Mensch durch eine Uhr modelliert, es wurden die Bauteile und Vorgänge in einer Uhr genutzt, um das Gehirn zu erklären. Bei Dampfmaschinen war es ähnlich. Heute sind Computer eine weit entwickelte und verbreitete Technologie. Die Vergleiche liegen nahe: Das Kurzzeitgedächtnis ist der Arbeitsspeicher, das Langzeitgedächtnis die Festplatte, Augen, Ohren, Tastsensoren sind die Eingabeinstrumente wie Maus und Tastatur, die menschlichen Reaktionen entsprechen Bildschirm- und Tonausgaben.

Um es klar zu sagen: Das menschliche Gehirn ist kein Computer. Es ist noch nicht einmal annähernd vergleichbar. Wir haben es alle schon mal erlebt: Wir haben einen neuen Computer, der läuft gut, alles bestens. Je länger wir ihn haben, je mehr wir ihn nutzen, desto mehr Daten sammeln sich auf der Festplatte an. Tausende Bilder aus den letzten Urlauben, Musik, ein paar Videos, Texte, Foliensätze und Kram. Je voller die Festplatte wird, desto langsamer und schwerfälliger wird der Computer. Irgendwann geht nichts mehr. Stillstand des Systems.

Wenn unser Langzeitgedächtnis eine Festplatte wäre, müsste es irgendwann voll sein. Das Gegenteil scheint der Fall zu sein. Kennst du jemanden, der sagt: »Ich spreche schon fünf Fremdsprachen fließend, ich kann keine sechste mehr lernen«? Im Gegenteil, wenn jemand schon fünf Fremdsprachen spricht, wird es ihm leichtfallen, weitere zu erlernen. Ich habe einen Freund aus Abiturzeiten, der 11 oder 12 Sprachen spricht, inklusive Chinesisch, Japanisch, Thai, Hindi und Finnisch. Der Mann wirkt nicht so, als wäre sein Gehirn kurz vor dem Kollaps, ganz im Gegenteil: Er ist hellwach, extrem reflektierend und saugt weiteres Wissen auf. Er sagt selbst, je mehr Sprachen er spricht, desto leichter fällt es ihm, noch eine weitere zu erlernen.

Je mehr ich mein Gehirn nutze, je mehr ich Wissen darin speichere, je mehr ich denke, Informationen verknüpfe, kreativ bin, desto einfacher wird es. Je mehr ich nachdenke, kombiniere, lerne, das Gehirn verändere, desto leichter wird das alles in der Folge. Umgekehrt, wenn ich Denken und Kreativität anderen überlasse: Je weniger Informationen ich aufnehme und verarbeite, je weniger ich mit meinem Gehirn Neues schaffe, Ungedachtes denke, umso schwerer fällt es mir, Neues zu lernen. Das Gehirn kennt im Gegensatz zu Technologien keine Gebrauchsspuren, es kennt nur Nicht-Gebrauchsspuren. Es ist wie ein Muskel, es steigert seine Kraft mit dem Gebrauch und verfällt bei Ignoranz.

Vor ein paar Tagen habe ich mit einem Bekannten Mittag gegessen. Wir haben unter anderem über eine ehemalige Praktikantin gesprochen, was sie jetzt so macht und wo sie ist. Mir ist der Name der Frau, obwohl ich lange mit ihr zu tun hatte, nicht eingefallen. Als wir eine halbe Stunde später über den Oldtimer meines Gesprächspartners gesprochen haben, stieg der Name der Praktikantin gefühlt hinten im Kopf ins Bewusstsein auf. Als er gerade über Probleme mit dem Autoradio redete, sagte ich: »Louisa hieß sie!« Unser Hirn ist nicht dazu gemacht, reine Daten zu speichern. Mehrmals die Woche stehe ich von meinem Schreibtisch auf, gehe in die Küche und weiß nicht, was ich da eigentlich wollte. Unter der Dusche habe ich die absolut geniale Idee für einen Satz in diesem Buch, in einer Keynote oder für einen Kundenreport. Wenn ich am Rechner ankomme, ist davon nichts mehr übrig. Ich stehe oft vor Menschen, die ich kenne, und mir fällt nicht ein, wie die Person heißt. Was hast du letzte Woche am Mittwoch gegessen? Wer saß in der fünften Klasse in der Mitte halbrechts? Welcher Wochentag war der 11.3.2011? In den allermeisten Fällen wissen wir das nicht mehr.

Einem Computer wird das nie passieren. Er hat die Daten auf der Festplatte unverrückbar abgelegt und kann sie jederzeit abrufen. Dabei ist es egal, wie lange die Informationen gespeichert sind und wie oft wir sie abrufen. Das menschliche Gehirn ist kein Datenspeicher, sondern eine Assoziationsmaschine. Die Assoziationsmaschine ist geeignet, kreativ zu sein, Ideen und Lösungen zu finden, Neues zu erfinden. Beim Speichern, Lagern und Abrufen von Daten versagt sie oft. Ein Gehirn ist flexibel und das ist es, entgegen vieler Aussagen in der Vergangenheit, bis ins hohe Alter. Die 100 Milliarden Neuronen verschalten sich ständig neu. Jede aufgenommene Information verändert das Gehirn. Nach jeder Seite, die du in diesem Buch liest, ist dein Gehirn anders, als es vorher war. Jedes Erlebnis, jeder Mensch, den du triffst, jede Nachricht im Internet führt zu einer neuen Verschaltung. Aus dünnen Pfaden der Informationsverarbeitung werden durch Lernen, Üben und Wiederholen Autobahnen, auf denen mit hoher Geschwindigkeit Informationen transportiert werden. Wer ein Musikinstrument erlernt, eine neue Sprache oder das Autofahren, kennt das: Zu Beginn ist alles unglaublich schwierig, man muss sich konzentrieren. Nach einer Weile geht es ganz gut. Am Ende können wir Fertigkeiten automatisieren und neben dem Gitarrespielen noch singen und tanzen oder beim Autofahren mit dem Beifahrer reden. Das Betriebssystem und die Softwareprogramme eines Rechners verändern sich nicht. Oder nicht auf diese Art. Einmal programmiert, üben sie von Anfang an die gestellten Aufgaben in gleichbleibender Qualität aus. Sie werden darin weder besser noch schlechter.

Das Gehirn kann bis zu einem gewissen Grad Ausfälle von einzelnen Teilen, zum Beispiel durch Verletzungen, kompensieren. Aufgaben, die in einem Hirnteil verortet waren, werden von anderen übernommen. Auch das kann ein Computer nicht.

Unser Gehirn ist von den vier Milliarden Jahren Evolution für ein Leben optimiert, wie wir es vor 15.000 Jahren geführt haben: Jagen, Fischen, Getreide anbauen, in Kleingruppen nomadisch leben. Es ist definitiv nicht dafür gebaut, auf der Autobahn mit 250 km/h zu fahren und nebenbei 5.000 Follower auf sozialen Netzwerken zu informieren. Dass wir das können, zeigt, wie flexibel diese Struktur ist. Es zeigt auch, dass Fehlfunktionen und Täuschungen sehr wahrscheinlich sind, dass überraschende Schwächen auftreten können.

Die von uns geschaffene Umgebung ist nicht artgerecht. Wir schaffen uns diese Umgebung ständig neu und setzen uns ihr aus. So verführerisch die scheinbar einfacheren Prozesse geworden sind, so sehr widersprechen sie unserer Natur. So sehr, wie Technologie uns gefällt, so sehr sie dafür sorgt, dass wir uns und anderen gefallen, so süchtig kann sie machen, wenn wir uns nicht der Diskrepanz zwischen dem, was und wie wir sind, und unserer selbstgeschaffenen Umwelt bewusst sind. Das Gehirn ist kein Computer und wir verstehen es nur in engen Grenzen. Es ist nicht für die Welt geschaffen, in der wir es erfolgreich einsetzen. Die Lücke zwischen der ursprünglichen Anwendung und dem, was wir heute damit tun, was uns von der menschengemachten Umwelt abverlangt wird, wird immer größer. Für mich ist es eine der zentralen Fragen der Philosophie, ob wir das menschliche Gehirn jemals mit dem menschlichen Gehirn verstehen werden oder ob wir eine noch höhere und noch komplexere Struktur dafür benötigen. Diese ist jedenfalls noch nicht in Sicht.

Unser Weg zum technologischen Menschen: Faustkeil, Schweizer Messer, Smartphone

> »Die Geschichte der menschlichen Kulturen wurde von drei großen Revolutionen geprägt. Die kognitive Revolution vor etwa 70.000 Jahren brachte die Geschichte überhaupt erst in Gang. Die landwirtschaftliche Revolution vor rund 12.000 Jahren beschleunigte sie. Und die wissenschaftliche Revolution, die vor knapp 500 Jahren ihren Anfang nahm, könnte das Ende der Geschichte und der Beginn von etwas völlig Neuem sein.«
>
> *Yuval Noah Harari*

Ich liebe und verehre die Arbeit von Yuval Noah Harari. Ein Historiker, der über die Zukunft forscht und schreibt. Philosoph, Kritiker, Aufwecker. Er ist in der Lage, komplexe Vorgänge in der menschlichen Entwicklung und der menschlichen Geschichte sauber auf den Punkt zu bringen. Er zieht Linien aus der Vergangenheit über die Gegenwart in die Zukunft. Wobei er den Fehler der linearen Vorhersage vermeidet. Harari fokussiert sich auf genau die Elemente des Menschseins, des menschlichen Verhaltens, die Konstanten sind, die sich nicht oder nicht erheblich verändern. Auf dieser Basis trifft er seine Vorhersagen. Es bleiben Vorhersagen mit all ihren Irrtümern, Unwägbarkeiten und Unschärfen. Die Analysen erlauben das Bilden eines eigenen Standpunkts, das Einnehmen einer eigenen Position.

Im Rahmen der kognitiven Revolution kam es in evolutionsgeschichtlich kurzer Zeit zu erheblichen Änderungen im menschlichen Gehirn. Es wuchs in der Größe und es entstanden die Strukturen für komplexe Kommunikation und Sprache. Beide Vorgänge hängen eng miteinander zusammen, sie liefen parallel ab. Die Veränderungen, die diese Entwicklung mit sich brachte, waren enorm. Das große Gehirn braucht große Mengen Energie. Heute machen unsere Gehirne zwei bis drei Prozent des Körpergewichts aus, brauchen aber laut Suzana Herculano-Houzel 25 Prozent der aufgenommenen Energie. Kurze Anmerkung: Der Energieverbrauch des Gehirns ist unabhängig von seiner Nutzung, tiefes Nachdenken hilft nicht beim Abnehmen. Das Gehirn verbraucht Energie durch seine schiere Existenz.

Um den ständig steigenden Energieverbrauch des Denkapparats in den Köpfen decken zu können, begannen die Menschen vor rund 12.000 Jahren sesshaft zu werden. Die allgemeine Sicht der Dinge ist, der Mensch hat den Weizen domestiziert. In Wahrheit war es umgekehrt.

Der Weizen mit seinem hohen Energieangebot hat den Menschen zur Sesshaftigkeit gebracht. Das Aufgeben des bis dahin üblichen nomadischen Lebensstils hatte erhebliche negative Folgen. Insbesondere die hygienischen Bedingungen wurden erheblich schlechter, die Säuglingssterblichkeit stieg, Krankheiten breiteten sich leichter aus. Wen es interessiert: Die Thesen sind zentral für das Denken von Harari, sie werden in seinen Büchern detailliert hergeleitet und diskutiert.

Rückblickend war das Aufgeben des Nomadentums, des Umherwanderns in kleinen Gruppen, der Beginn von vielem Elend. Die Zeit zwischen der kognitiven Revolution vor 70.000 Jahren und der landwirtschaftlichen vor 12.000 Jahren war vielleicht die glücklichste der Menschheit. Der Lebensstil, Herumziehen, Sammeln, Jagen und Abhängen in Kleingruppen, war noch der Genetik angepasst. Komplexe Kommunikation, der Austausch von Informationen und Emotionen mittels Sprache, die Koordination von Gruppen und das Bilden von Vertrauen waren schon möglich. Der Mensch wurde sesshaft, als er erkannte, dass er mehr Kalorien zur Verfügung hat, wenn er die Produktion von Getreide nicht dem Zufall überlässt, sondern steuert. Felder mussten angelegt und gepflegt werden, die Aussaat musste zu bestimmten Zeitpunkten erfolgen. Die eigenen Felder mussten gegen andere Menschen verteidigt werden, sie konnten nicht sich selbst

überlassen werden, weil ansonsten andere die Kalorien für ihre Gehirne geerntet hätten. In den Siedlungen entstand eine Spezialisierung. War vorher jeder für irgendwie alles oder zumindest sehr viel zuständig, gab es jetzt Spezialisten für die Felder, die Jagd, das Fischen, den Hausbau. Um alle Mitglieder der Gemeinschaft mit allem zu versorgen, wurde Tauschhandel betrieben, für drei Fische gab es einen Hasen, für die Hilfe beim Bootsbau wurde beim Bau eines Hauses unterstützt. Tauschhandel hat enge Grenzen. Wenn ein Angebot nicht
auf genau die passende Nachfrage stößt, kommt kein Handel zustande. Der Handel bleibt oft auf die Gemeinschaft, das Dorf, die bekannte Gruppe beschränkt. Die Komplexität des Handels und seine Ausdehnung waren beschränkt. Mit der Einführung von Geld wurde ein abstraktes, übergeordnetes Medium geschaffen, das einen Handel unabhängig vom direkten Tausch ermöglichte. Gleichzeitig kamen Schrift und Zahlen auf. Wenn Geld im Spiel ist, benötigt man eine Buchhaltung.

Die ältesten bekannten Artefakte von Schrift sind nach Harald Haarmann in seinem Buch »Geschichte der Schrift« Lehmkügelchen, in die Symbole eingeritzt wurden, die in erster Linie Mengenangaben enthielten. Sie wurden in Uruk gefunden, einer Stadt am Euphrat. Dort wurden sie vor gut 5.500 Jahren genutzt. Mit ihnen wurde dokumentiert, dass ein Bauer fünf Säcke Weizen an eine zentrale Stelle geliefert hat und er damit zehn Fische erwerben konnte. Als dieses System an seine Grenzen stieß, entstanden bei den Sumerern die Keilschrift und bei den Ägyptern die Hieroglyphen. Schrift und Zahlen wurden also eingeführt, um Handel zu dokumentieren. Sie waren ein Mittel zur Buchhaltung, zur Steuerung und Kontrolle von Warenflüssen. Das Schreiben von Geschichten, Gedichten und Liebesbriefen kam erst später dazu.

Mit Geld und Schrift wurde Handel flexibel und breitete sich über die Jahrhunderte immer weiter aus bis hin zum heutigen globalen Netzwerk aus Asphalt und Stahl. Harari benennt genau diese vier Phasen in der Entwicklung der Menschheit als die kritischen: kognitive Revolution, landwirtschaftliche Revolution und Sesshaftigkeit, Erfindung von Geld und Schrift und das Bilden globaler Netzwerke. Ich möchte noch eine weitere Stufe hinzufügen: allgegenwärtige digitale Daten.

Der erste Schritt hin zu allgegenwärtigen Daten wurde Mitte der 1990er Jahre gemacht, als das Internet ins Bewusstsein der Allgemeinheit rückte und sich aus einer Nische für Informatiker und Wissenschaftler herausbewegte. Der zweite Schritt war die Einführung des Smartphones 2007, als der Zugang zu Daten und die Nutzung des Netzwerks für alle verfügbar wurden. Zusätzlich wurde der Zugang ortsunabhängig.

Wir sind heute mit vielem, was wir tun, Teil des globalen Datennetzes. Wir kaufen im Internet ein, wir steuern mittels Smartphone unsere Häuser und Wohnungen, wir fahren Autos, die eher rollende Computer sind, die jede Sekunde Daten produzieren, verarbeiten und konsumieren, über Straßen, in denen Sensoren Verkehrsflüsse messen und Vernetzungen Ampeln und Verkehrsschilder steuern. Das Internet macht die Welt kleiner und die Blasen, in denen wir uns bewegen, dichter. Es wird einfacher, mit Menschen am anderen Ende der Welt zu kommunizieren, und es wird schwerer, mit dem Menschen nebenan zu reden. Wir haben alles Wissen zur Verfügung, wissen aber nicht, was wichtig ist, wie wir uns entscheiden sollen, wo der Fokus liegt.

Stellen wir uns vor, wir haben eine Zeitmaschine. Mit dieser Zeitmaschine transportieren wir einen Handwerker, also einen technisch versierten Menschen, aus dem Jahr Null 1.000 Jahre nach vorne, also in das Jahr 1000. Dieser Mensch wäre sicher etwas verwirrt, wenn er aus der Zeitmaschine aussteigt, würde sich jedoch sehr schnell zurechtfinden. Zumindest, was die Technologien angeht. Es hat sich sicher das eine oder andere verändert, es ist das eine oder andere optimiert worden und es sind ein paar wenige Dinge hinzugekommen. Im Großen und Ganzen hat sich nicht viel verändert.

Viel entscheidender: Technologie ist sichtbar, sie ist anfassbar. Sie ist im wahrsten Sinne des Wortes begreifbar. Ochsen ziehen Pflüge über Felder, Esel bewegen

Mühlsteine, mit denen Oliven gepresst und Körner gemahlen werden, Mühlräder werden von fließenden Bächen angetrieben, mit Flaschenzügen werden Lasten gehoben. Menschen bearbeiten mit Hammer und Meißel Stein und Holz. Man kann der Technologie beim Arbeiten zugucken.

Wenn wir unsere Zeitmaschine noch mal anwerfen und einen Menschen aus dem Jahr 1000 noch mal gute 1.000 Jahre in der Zeit vorwärtsbewegen, also in die Jetztzeit bringen, wäre er beim Verlassen der Zeitmaschine extrem verwirrt. Das aus guten Gründen. Technologie ist omnipräsent, sie ist übermenschlich geworden. Die Funktion von Technologie als Verstärkung unserer Fähigkeiten, als Kompensation unserer naturgegebenen Defizite ist übermächtig geworden. Ein Pferd kann 50 km/h schnell sein, also rund fünfmal so schnell wie ein Mensch von Natur aus. Viele Autos erreichen ohne Probleme 200 oder 250 km/h. Mit einem Flaschenzug kann man 100 oder 200 kg zwei oder drei Meter anheben, der Baukran vor meinem Fenster hebt in dem Moment, in dem ich das hier schreibe, tonnenschwere Betonteile 15 oder 20 Meter hoch. Riesige Landmaschinen, vulgo Trecker, pflügen große Flächen in kürzester Zeit. Und das sind nur die physischen, die immer noch sichtbaren Technologien.

Die größten und auch für viele Menschen heute schwer begreifbaren Veränderungen sind andere. Technologie hat sich in Kisten zurückgezogen. In Plastik-

und Metallkästen. Das, was im Kern passiert, der Motor von Technologie ist nicht mehr mechanisch, sondern besteht aus dem Schubsen von Bits und Bytes auf Silikonscheiben. Mit der Einführung der Mikroelektronik, der Prozessorchips hat sich Technologie unserer sinnlichen Wahrnehmung entzogen. Wir sehen mit unseren natürlichen Sinnen nicht, was passiert. Und die wenigsten verstehen es.

Funktionen werden nicht mehr durch drehende Zahnräder, rotierende Scheiben, mechanische Hebel oder gezogene Seile realisiert, sondern durch Softwarecodes und Algorithmen. Resultate entstehen nicht durch sichtbare Aktionen, sie entstehen außerhalb unserer sinnlichen Erfahrung. Es sind nicht verstehbare 1:1-Zusammenhänge, sondern komplexe Rechenvorgänge, die uns Ergebnisse liefern. Unsere jahrtausendealte analoge Erfahrungswelt ist mit digitalen Technologien durchdrungen. Komplexität und Geschwindigkeit sind ins scheinbar Unendliche gesteigert, das grundlegende Verständnis ist den meisten von uns verloren gegangen.

Was ist passiert, wie kam es dazu, dass in den gut 1.000 Jahren zwischen den Jahren 1000 und 2022 viel mehr passiert ist als in den 1.000 Jahren davor? Historiker mögen mir verzeihen, wenn ich jetzt etwas holzhammerartig durch die Technikgeschichte pflüge. Mir geht es darum, die großen Zusammenhänge, die zur Entstehung und

Ausbreitung von Technologie geführt haben, kurz und knackig auf den Punkt zu bringen. Ein entscheidender Wendepunkt war die Erfindung des Buchdrucks. In China ist das etwas früher passiert, in der westlichen Welt war es das Jahr 1450, in dem Johannes Gutenberg in Mainz den Buchdruck mit beweglichen Lettern erfunden hat. Er erfand nicht nur das Grundprinzip des Druckens, sondern auch die erforderlichen Metalllegierungen für die Buchstaben und die benötigte Druckerfarbe. Vor Gutenberg wurden Bücher von Hand geschrieben. Es handelte sich in den allermeisten Fällen um Bibeln, die von Mönchen abgeschrieben und somit mit viel Zeitaufwand und in geringem Umfang vervielfältigt wurden. Ironischerweise ist auch Gutenbergs Hauptwerk eine Bibel. Aus den Einzelstücken der Mönche wurde weit besser verfügbare Serienware.

Die Vervielfältigung und Verbreitung von Informationen wurden durch den Buchdruck deutlich vereinfacht. Die Zahl der Druckwerke stieg sprunghaft an, der Zugang zu Wissen wurde schneller, zuverlässiger und direkter. Das führte in der Renaissance im 15. und 16. Jahrhundert zu einer Explosion von Ideen. Kunst, Kultur und Wissenschaft wurden auf ein komplett neues Niveau gehoben. Das beste Beispiel ist das Universalgenie Leonardo da Vinci, der sowohl als Künstler als auch als Wissenschaftler, Anatom und Ingenieur Erstaunliches geleistet hat. Zwei weitere Namen in diesem Zusammenhang sind Raffael und Michelangelo, beide von vergleichbarer Bedeutung. Im 18. Jahrhundert wurden in der Aufklärung Wissenschaft und Religion getrennt, das Göttliche wurde aus der Betrachtung von Naturphänomenen entfernt, es wurden weltliche Ursachen für Wirkungen postuliert und gefunden. Das gab Wissenschaft und Technologie einen erheblichen Schub, der zwischen 1780 in England und 1800 in Kontinentaleuropa zum Beginn der ersten industriellen Revolution führte. Das war der Moment, in dem zum ersten Mal Technologie das Leben der Menschen in allen Aspekten radikal veränderte. Art und Ort von Arbeit, Arbeitszeiten, Wohnen, Mobilität, alles wurde früher oder später neu definiert.

In der Technikgeschichte kennt man vier industrielle Revolutionen, die aus heutiger Sicht, also in heutigen Diskussionen, schlicht von eins bis vier durchnummeriert werden. Das Verhältnis von Mensch zu Technik hat sich in jeder dieser Revolutionen verändert.

Die erste industrielle Revolution wurde im Wesentlichen von drei Technologien angestoßen: der Dampfmaschine, dem Webstuhl und der Eisenbahn. Die Dampfmaschine erfuhr durch James Watt, der sie nicht erfunden hat, wie viele glauben, erhebliche Verbesserungen. Das hat den Einsatz der Maschine und die Nutzung der Kräfte flexibler und einfacher gemacht. Die Fertigung in Manufakturen, in denen Handwerker Einzelstücke fertigten, wurde in weiten Teilen verdrängt. Durch eine effektivere Landwirtschaft wurden Arbeitskräfte frei, die in Fabriken eingesetzt werden konnten. Oder besser gesagt: die in Fabriken ums tägliche Überleben kämpfen mussten.

Das Verhältnis von Mensch und Maschine war komplett durch die Konstruktion der Maschine bestimmt. Wenn konstruktionsbedingt ein Hebel rechts war und einer links, war der Mensch gezwungen, zwischen diesen Hebeln hin- und herzuspringen. An heute selbstverständliche Dinge wie Schutz für Finger und Hände, akustische Dämmung oder Reduktion des Funkenflugs war nicht zu denken. Der Mensch war Sklave der Maschine, die Maschine gab den Takt vor, gestaltete die Arbeit, war Herr der Prozesse.

Das änderte sich in der zweiten industriellen Revolution nur wenig. Sie begann Ende des 19. Jahrhunderts und wurde durch zwei Technologien geprägt: durch elektrische Maschinen und das Telefon. Dazu kamen Massenproduktion, Fließbänder und damit verbunden die Fragmentierung der Arbeit. Arbeitsprozesse wurden in kleine Abschnitte aufgeteilt und Arbeiter wurden je nach Qualifikation einzelnen Prozessabschnitten zugeordnet. Bestes Beispiel dafür waren die Autowerke von Henry Ford, der zu Beginn des 20. Jahrhunderts die Fließband- und Massenproduktion für Fahrzeuge eingeführt hat. Damit hat er wesentlich unser heutiges Mobilitätsverhalten geprägt und das Gesicht unserer Städte gestaltet. Ich mache ihn nicht persönlich für irgendetwas verantwortlich. Hätte er es nicht getan, wäre es jemand anderes gewesen. Der Mensch blieb Sklave der Maschine, hatte zusätzlich ein stark reduziertes Aufgabenfeld. Im Film »Moderne Zeiten« von und mit Charlie Chaplin wird das wunderbar dargestellt.

In der dritten industriellen Revolution, die Ende der 1960er-Jahre begann, änderte sich das Verhältnis von Mensch zu Maschine erheblich. Grund war die Verfügbarkeit von elektronischen Bauteilen. Damit wurden Logik-Controller entwickelt, die die Maschinen von einem zentralen Ort steuern konnten, es fand eine Entkopplung der Benutzung einer Maschine von der mechanischen Konstruktion statt.

Durch den Einsatz von zentralen Elementen aus Elektronik und Software, inklusive der Nutzung von Bildschirmen, wurde die Steuerung zentralisiert und konnte gestaltet werden. Es wurde damit möglich, zentrale kognitive Eigenschaften des Menschen, die menschliche Informationsverarbeitung, zu berücksichtigen. Es begann die Zeit der Gestaltung der Mensch-Maschine-Schnittstelle, des HMI (Human-Machine-Interface). Was vorher durch die Konstruktion der Maschine bestimmt war, wurde plötzlich gestaltbar, formbar, an die Bedürfnisse und Fähigkeiten des Menschen anpassbar.

Die Rolle des Menschen in der Interaktion mit der Maschine wandelte sich vom Sklaven zum Angestellten. Es gibt die Abhängigkeit, die in der Richtung vom Menschen zur Maschine stärker wirkt als andersherum.

Parallel zur Maschinenwelt wandelte sich die Computerwelt. Bis weit in die 1970er-Jahre hinein waren Computer und Datenverarbeitung etwas Fernes. Sie standen in dunklen und muffigen Kellern von Universitäten und großen Firmen. Wenn man ein Problem mit einer dieser Maschinen lösen wollte, musste man es handschriftlich auf Papier formulieren. Es gab Spezialisten, die daraus Lochstreifen produzierten, sie einlasen, die Ergebnisse ausdruckten und per Hauspost zurückschickten.

In den Achtzigerjahren verbreitete sich der PC, der Personal Computer. Rechenleistung wanderte aus den muffigen Kellern auf Schreibtische, wurde sichtbar und für mehr und mehr Menschen verfügbar. Die Computer waren große, schwere Kisten, auf denen dicke Röhrenmonitore standen. Im Laufe der Neunzigerjahre kamen Laptops auf, die damals zu Recht »Schlepptops« hießen, weil sie ein gewisses Gewicht hatten. Rechenleistung wurde damit mobil.

Der nächste große Schritt fand 2007 statt, als Apple das erste iPhone vorstellte. Handys hatte es schon zehn Jahre vorher gegeben, das waren Geräte zum Telefonieren und dem Versenden von SMS. Ganz fortschrittliche Systeme hatten auch ein oder zwei Spiele und eine Kamera mit schlechter Bildqualität dabei. Das Smartphone hat die Karten komplett neu gemischt. Die Rechenleistung wanderte in die Hosentasche. Und es handelte sich um erhebliche Mengen an Speicher und Prozessoren. In jedem

Smartphone steckt ein Mehrfaches der Rechenleistung, welche die Amerikaner hatten, um einen Menschen auf den Mond zu schicken.

Bis dahin hatte man auch immer das neueste, schnellste und potenteste Gerät im Büro, in der Firma. Es wurde vom Arbeitgeber gestellt. Private PCs und Handys waren meistens eine Generation älter, langsamer, weniger potent. Plötzlich waren private Geräte neuer und schneller, in den Büros ging es langsamer zu. Heute ist Rechenleistung auf der Körperoberfläche angekommen. Sie wird als Smartwatch getragen, kann als Folie aufgeklebt oder als Kontaktlinse getragen werden. Ob jetzt jede Anwendung sinnvoll ist, bleibt offen, der Trend ist sichtbar.

Der nächste Schritt wird sein, dass Rechenleistung von der Körperoberfläche in den Körper hineinwandert. Herzschrittmacher sind seit vielen Jahren etabliert, weitere Organe werden durch Computer im Körper ersetzt oder unterstützt. Ein paar Visionäre reden von Nanobots, die uns in die Blutbahn gespritzt werden, um Reparaturen am Körper durchzuführen oder unsere Leistung zu optimieren. Der Cyborg, also die Verschmelzung von Mensch und Maschine, wird damit auf den Weg gebracht.

Die vierte industrielle Revolution hat gerade begonnen. Sie wird auch Industrial Internet genannt, was das Thema gut beschreibt. Es geht dort um die Vernetzung von Maschinen und Prozessen, von Daten und

Produkten, von Menschen und Robotern über das Internet. Künstliche Intelligenz wird Routinetätigkeiten übernehmen, große Datenmengen analysieren und Entscheidungen fällen. Das Verhältnis von Mensch und Maschine wird wieder neu definiert. Es kommt zu einer Partnerschaft. Beide Parteien bringen das ein, was sie jeweils am besten können. Mensch und Technik unterstützen sich gegenseitig. Ziel ist der maximale Nutzen für den Menschen. Ob und wie der erreicht wird, ob der Mensch als Mensch, als Menschheit profitiert oder einige Auserwählte auf Kosten vieler profitieren, ist die zentrale, die offene und schnell zu klärende Frage.

Der Mensch ist über all die Jahre immer der Mensch geblieben, mit allen wunderbaren Stärken und überraschenden Schwächen. Die Maschinenwelt, die Computer haben sich enorm gewandelt und damit definieren, verändern und treiben sie das Verhältnis zwischen Mensch und Technologie. Uns als Menschen bleibt im ureigenen Interesse die Verpflichtung, Technologien zu hinterfragen, zu verbessern und bei Bedarf abzulehnen.

Es sind Menschen, die Technologie entwickeln, die am Ende Produzenten und Betroffene der technischen Entwicklung sind. Es bleibt die Verpflichtung eines jeden Einzelnen aufzupassen, die richtigen Fragen zu stellen, zu beurteilen, wo die persönlichen grünen, gelben und roten Linien liegen, und die Grenzen zu ziehen.

Technologie ist wunderbar, weil sie uns in unserem schwachen Moment unterstützt, wir lieben sie, weil sie uns die Illusion gibt, allgegenwärtig zu sein, alles zu sehen, zu verstehen und zu kontrollieren. Sie gibt uns die Süße der Bequemlichkeit. Aber Technologie frisst ihre Kinder, sie hat das Potenzial, uns zu kontrollieren, zu steuern, zu ihren Sklaven zu machen.

BEZIEHUNGSSTATUS MENSCH UND TECHNIK: ES IST SCHWIERIG

»Durchindividualisiert, komplett-personalisiert, zu Tode flexibilisiert, alle beisammen, alle verbunden, aber keiner verbindlich. In die Simultanwelten des Digitalen wird wild und abstrakt hineingesprochen, wild und abstrakt schreit die digitale Welt zurück. Adressaten, Sender, alle unbekannt. Sie alle werden zu isolierten Protagonisten. Die modernen lost Souls. Und das alles eben nicht in konservativen Pfaden, an kollektiven Orten, sondern in immerzu neuen, durchalgorithmisierten Echokammern unserer Selbst.«

Diana Kinnert

Zwei Seiten einer Medaille oder: die Janusköpfigkeit der Technologie

Menschen distanzieren sich im Verhältnis zur Technologie von dem, dem sie sich hingeben. Es gibt heute kaum noch eine Elternversammlung in Schulen, auf der nicht besprochen wird, wann denn endlich die Tafel durch ein digitales Whiteboard ersetzt werden kann. Als nächstes geht es darum, wie man verhindert, dass die Schüler ihre Smartphones auf den Ausflug mitnehmen. Man fragt sich, ja was denn nun? Mehr oder weniger Digitalisierung? Mehr oder weniger Technologie? Wird unser Leben durch Technologie besser, im Sinne von schneller, einfacher, aufgeräumter, sicherer? Oder wird es kontrollierter, weniger selbstbestimmt, unechter?

Genau diese Dualität, diese Janusköpfigkeit zeichnet unseren Umgang mit Technologie aus. Sie ist in der Technologie selbst angelegt. Weil Technik moral- und ethikfrei ist. Weil sie ist, wie sie ist, und erst unsere Bewertungen und unser Umgang damit sie zu guter, nützlicher, helfender oder zu störender, zerstörerischer, gefährlicher Technologie machen. Der Freude beim Nutzen einer Technologie steht ihr Suchtpotenzial gegenüber. Der Nutzen eines Smartphones wird durch die Ablenkungen, die es produziert, konterkariert. Die Freude am Fahren, an individueller Mobilität wird durch die störende

Allgegenwart von Autos eingeschränkt. Mehr und mehr Menschen spüren, dass mit ihrem Technologiekonsum etwas nicht stimmt, dass da ein Zuviel ist, eine Beherrschung des Lebens durch Silikon, Bits und Bytes. Zu viel Kontrolle durch anonyme Firmen, zu wenig Kontrolle über sich selbst. Viele Menschen üben sich in kleinen Gesten des Verzichts, versuchen mit Unterlassung und Reflexion, das Heft des Handelns zurückzugewinnen. Auf der anderen Seite ist der Sog der technischen Geräte und der digitalen Services so groß, dass unser Widerstand zu gering bleibt.

Natürlich gibt es darauf keine klare, keine einfache Antwort und keine simple Lösung. Am Ende beschreibt genau das den Kern dieses Buches: Wo ist Technologie sinnvoll und wo raubt sie uns unsere Menschlichkeit, die Fähigkeit zur Kommunikation und die Zufriedenheit? Wo ist der Sweet Spot zwischen Nutzen und ausgenutzt werden? Wie viel ist nötig, wie viel gut, wie viel zu viel? Und: Was kann ich unternehmen, um mich aus der selbstgestellten Falle zu befreien, wie kann ich als Einzelperson und als Mitglied der Gesellschaft maximalen Gewinn aus Technologie ziehen, ohne mich und meine Seele zu verkaufen?

Ich wiederhole es gern und oft, weil es wichtig ist: Technologie als solche ist weder gut noch schlecht. Unser Umgang macht sie zu guter oder schlechter Technologie. Die Technologie beherrscht und manipuliert uns nicht, wir lassen uns beherrschen und manipulieren. Eine Technologie kann Gutes bewirken und Schlechtes hervorrufen. Sie verstärkt wie eine Echokammer die Facetten unseres Charakters, sie multipliziert unsere Stärken und Schwächen, sie lässt uns und unsere Handlungen übergroß und übermächtig erscheinen. Erscheinen- es ist ein Schein. Technologie verleiht uns digitale, gut stutz- und kontrollierbare Flügel.

Unabhängig davon, wie SARS-CoV-2 über die Menschheit gekommen ist, es war Technologie, in erster Linie Flugzeuge, die dazu geführt hat, dass sich das Virus in hoher Geschwindigkeit um den Globus verbreitet hat. In Deutschland traten die ersten Fälle von COVID-19 bei einem Automobilzulieferer in München auf. Mitarbeiter aus China hatten sich in ihrer Heimat angesteckt und das Virus im Rahmen einer Dienstreise nach Deutschland mitgebracht. Hier hatte Technologie einen eindeutig negativen Effekt. Ohne die weltweite Vernetzung der Verkehrsströme, ohne unsere schnelle und stetige Art des Reisens, ohne unser Bedürfnis nach der Allgegenwart unseres Selbst und schließlich ohne Cabrioverdecke und Schiebedächer in Autos wäre das Virus vielleicht nie zu uns gekommen. Und wenn es nicht dieses konkrete Szenario gewesen wäre, wäre ein anderes eingetreten, also keine Anklage im konkreten Fall.

Technologie hat dazu geführt, dass sehr schnell Tests zur Entdeckung des Virus und Impfungen gegen die Erkrankung und das Sterben entwickelt wurden. Ohne Computer, ohne Datenspeicher, ohne die schnelle und direkte Kommunikation von Wissenschaftlern und Entwicklern weltweit wäre es nicht möglich gewesen, in verblüffend kurzer Zeit Gegenmaßnahmen zu finden. Das fängt beim Sammeln von Daten an, geht über ihre Verarbeitung und Vernetzung bis zur Kommunikation der Ergebnisse. Vermutlich haben diverse mehr oder weniger intelligente Algorithmen bei der Analyse von komplexen Szenarien geholfen, haben Ursachen und Wirkungen gefunden, bewertet und verknüpft. Ist Technologie hier und jetzt per se gut oder schlecht?

Autos verstopfen unsere Innenstädte. Sie stehen 95 Prozent ihrer Lebenszeit einfach nur herum. Kaum eine Straße, an der Autos nicht in Reih und Glied auf ihren artgerechten Einsatz warten. Erhebliche Infrastruktur wird zum Abstellen der Fahrzeuge bereitgehalten, besonders gut sichtbar in Teilen der USA, wo man leere Parkflächen gefühlt bis zum Horizont vorfindet. Auch europäische Innenstädte sind durch Parkhäuser, Parkflächen, Straßen und Autobahnen geprägt.

Findet aus irgendeinem Grund kein Verkehr statt und werden Straßen temporär oder dauerhaft geschlossen, ändert sich die Atmosphäre radikal. Druck und Stress fallen weg. Die Aufmerksamkeit kann sich auf anderes als den Verkehr richten. Man fühlt sich plötzlich weit mehr als Mensch. Leichter, offener, freier. Wie es die

Mobilitätsaktivistin Katja Diehl in meinem Podcast gesagt hat: »Wenn du im Auto sitzt, bist du nicht sozial.« Damit ist nicht das Im-Auto-Sitzen, sondern sind Fahrrad fahren und Laufen soziale Akte, die sich für alle positiv auswirken.

Auf der anderen Seite wird das Leben, wie wir es kennen, erst durch Autos möglich. Schnell mal hierhin- oder dorthinfahren. Flexibel reisen, Freiheit spüren, Landschaften erleben. Auch im ländlichen Raum mobil bleiben. Schnell und flexibel Waren und Güter transportieren, auch wenn es nur die wöchentliche Fahrt zum Wertstoffhof ist. Lieferanten, Postboten, Krankentransporte, Feuerwehr, Polizei, Rettungsdienste, alle sind darauf angewiesen, dass sie Autos und Lkw haben. Auch hier wieder die Frage: Sind Autos per se gut oder schlecht?

Smartphones machen süchtig. Smartphonesucht ist, wie bereits erwähnt, inzwischen von der WHO als Krankheit anerkannt. Wir alle kennen jemanden, der immer und immer wieder mit dem Gerät spielt, Menschen, die ständig und in allen Situationen auf dem Bildschirm herumtippen. Oft erwischen wir uns selbst dabei, wie wir immer wieder alle Social-Media-Kanäle checken, die News, die Mails, und wenn wir das Gefühl haben, »Internet ist alle«, fangen wir von vorn an. Oder wir spielen ein Spiel, bei dem bunte Bonbons verschoben werden.

Auf der anderen Seite erlauben Smartphones den ständigen Zugriff auf Informationen und Services wie

Fahrplanauskünfte und den Kauf eines Tickets. Wir können damit Notrufe absetzen. Sie ermöglichen Kommunikation mit unseren Lieben, wenn wir weit weg sind. Sie geben uns Zugang zu Kultur, Musik, Literatur und Ausstellungen. Sie navigieren uns durch unbekannte Gegenden. Sie geben uns ortsabhängig Informationen zu Architektur, Geschichte und Lieblingsrestaurants. Sind Smartphones per se gut oder schlecht?

Das Internet bietet Unmengen an Schund, Lügen und Hass. Newsseiten zweifelhafter Anbieter, asoziale Netzwerke, nackte Menschen bei Begattungsakten. Es ist aber auch eine Quelle von Wissen und bietet die Chance zu lernen. Bibliotheken, Lexika, Onlinekurse sind für kleines Geld oder gratis zu haben. Ist das Internet per se gut oder schlecht?

Flugzeuge machen Lärm, sie stoßen CO_2 in Bereichen unserer Atmosphäre aus, in denen es ganz besonders kritisch ist, sie belegen riesige Flächen mit der benötigten Infrastruktur, mit Flughäfen, Zufahrtsstraßen und Landebahnen. Sie erlauben den schnellen Wochenendtrip nach London oder New York, den monatlichen Besuch auf Mallorca. Sie bringen Waren und Menschen in wenigen Stunden rund um den Globus. Sie unterstützen bei Naturkatastrophen, Evakuierungen und bei humanitären Hilfsaktionen. Sind Flugzeuge per se gut oder schlecht?

In Krankenhäusern werden Menschen auf Intensivstationen am Leben erhalten, mit Hightech-Geräten und

Systemen, die Rohstoffe benötigen, um zu funktionieren. Autos fahren und Flugzeuge fliegen, Smartphones erlauben Kommunikation, weil sie hergestellt werden. Ist Technologie per se gut oder schlecht?

Nicht nur die Nutzung von Technologie, auch die Herstellung unterstützt diesen Zwiespalt, diese Dualität. Die Rohstoffe für viele der Bauteile werden unter menschenunwürdigen Bedingungen und mit riesigen Umweltschäden abgebaut. Kobalt, Coltan und Lithium sind nur drei der benötigten Materialien für Elektroprodukte. Transport und Herstellung haben einen deutlichen Umwelt-Footprint. Die Entsorgung von Elektroschrott ist ein lukratives, aber ganz sicher kein sauberes Geschäft. Auf der anderen Seite sorgen Entwicklung, Herstellung und Vertrieb von Technologie für Arbeit und Wohlstand. Sie schaffen Arbeitsplätze, Menschen leben davon, Technologie zu entwickeln, zu produzieren und zu vertreiben.

Ich hatte zwei Jahre einen Klienten in China und war regelmäßig vor Ort. Shanghai ist eine faszinierende Stadt. Nicht schön, aber unglaublich interessant. Riesig und kaum zu überschauen. Nicht einfach, sondern oft nur mit großem Aufwand zu verstehen. Für mich eine war eine der größten Herausforderungen der tägliche Weg zwischen Hotel und Büro des Klienten. Es waren nur vier Kilometer, also nicht wirklich weit. Die Anfahrt mit Bus und Bahn war schwierig. Ich hätte zwei Kilometer zu einer

U-Bahn-Station laufen, 45 Minuten mit der Bahn fahren und zum Abschluss noch mal zwei Kilometer zum Büro meines Klienten laufen können. Da hätte ich auch direkt laufen können, was ich mir ein paar Mal überlegt habe. Das Fahren mit Bussen ist für Westler ein echtes Problem. Die Busse sind mit chinesischen Zeichen beschriftet und mit den Fahrern kann man nicht kommunizieren, weil sie kein Englisch sprechen.

Jeder Arbeitstag begann mit dem Gang zum Concierge im Hotel. Ich fragte nach einem Taxi, es wurde telefoniert. Mit der Aussage: »Wait a moment, 5 to 10 minutes«, wurde ich vor das Hotel geschickt. Nach 3 bis 30 Minuten kam meist ein Taxi. Die Fahrer und Fahrerinnen hatten drei Dinge gemeinsam: Sie sprachen kein Englisch, sie konnten nicht Autofahren und sie kannten den Weg nicht. Es begann jeder Tag mit dieser oft interessanten und meist nervigen Anreise.

Ich kam auf die Idee, die Mietfahrräder zu nutzen, die zu Hunderten in den Straßen standen. Ein Gespräch mit Kollegen erbrachte, dass man ein chinesisches Bankkonto brauchte, um die Anmietung zu bezahlen. Außerdem gab es die App nur auf Chinesisch. Für mich in diesem Moment unüberwindbare Hindernisse. Ein paar Wochen danach war ich in Berlin und sah zu meiner Verblüffung Fahrräder einer der chinesischen Firmen auf der Straße. Mein Gedanke: Wenn es diese Fahrräder in Berlin gibt, gibt es eine deutsche App und ich kann mit meiner deutschen Kreditkarte zahlen. App downgeloaded, registriert, Kaution digital hinterlegt, Fahrrad angemietet. Beim nächsten Aufenthalt in Shanghai bin ich an eines dieser Fahrräder gegangen, habe den QR-Code abgescannt und, Wunder über Wunder, das Fahrrad wurde freigeschaltet! Mit der deutschen App, der deutschen Registrierung, der deutschen Kaution konnte ich in Shanghai ein Fahrrad anmieten! Damit war mein Transportproblem gelöst.

Mit den Technologien, den Servern, dem Internet, dem GPS-Signal, den Smartphones, der Software, die mir dieses Erlebnis, diese Nutzererfahrung erlaubt haben, werden in China Menschen überwacht. Es werden Social Scores ermittelt. Wer gesundes Essen isst, bekommt Pluspunkte, wer seine Eltern nicht regelmäßig besucht oder bei Rot über die Straße geht, Minuspunkte. Ab einer bestimmten Zahl von Minuspunkten kann man kein Flugticket buchen, bekommt bestimmte Jobs nicht oder keinen Kredit. Auch ich bin mit Sicherheit Schritt für Schritt analog und Klick für Klick digital überwacht worden. Oft hatte ich das Gefühl, wenn ich zu oft auf deutschen oder amerikanischen Nachrichtenseiten unterwegs war, wurde mir für zwei bis drei Stunden der Internetzugang gedrosselt oder abgestellt und wurde ich abgestraft für mein nicht angepasstes Verhalten. Technologie kann positiv oder negativ genutzt werden. Nicht nur durch einzelne Nutzer, nicht nur durch jeden von uns, sondern eben auch von

Behörden, Konzernen und der Wissenschaft. Sie kann Gesellschaften Freiheit geben und nehmen.

Es ist immer unser Umgang damit, wie wir die Technologie handhaben, was wir wann und wo damit tun, was sie gut oder schlecht macht. Unser Handeln, unsere Entscheidungen und unser Umgang definieren den Wert von Technologie. Das ist die gute und die schlechte Nachricht gleichzeitig: Wir haben es in der Hand, wir können die Veränderung vornehmen, wir können Denken und Handeln vorantreiben. Wir können uns ergeben und in die Fänge von Big Tech, Produktherstellern und Serviceanbietern begeben. Wir als Einzelne, wir als Gesellschaft und wir als Menschheit haben es in der Hand.

Wir dürfen es einfach nur tun. Die Veränderung angehen, unser Verhalten ändern. Das tut weh, so wie jede Veränderung, jedes Verlassen der eigenen Komfortzone wehtut und Opfer verlangt. Oft sind es nur die ersten Schritte, die Überwindung brauchen und Anstrengung verlangen. Manchmal dauert es länger, aber es lohnt sich.

Um es auf den Punkt zu bringen: Der Beziehungsstatus von Mensch und Technik ist kompliziert. Aber wir haben es in der Hand. Die Karten sind gemischt und verteilt, wir haben unser Blatt, unsere Optionen auf der Hand. Gehen wir es an!

Asozial und fremdgesteuert: soziale Medien

Ich bin auf den diversen sozialen Netzwerken unterwegs, bei Facebook, Twitter, Instagram und LinkedIn.

Was all diese Netzwerke gemeinsam haben: Sie wollen unsere Aufmerksamkeit, unsere Zeit und unsere Daten. Im Gegenzug schicken sie uns in eine Blase. Auf Basis unseres Verhaltens bekommen wir Inhalte gezeigt, die uns wahrscheinlich gefallen, die angeblich zu dem passen, was wir vorher angesehen haben. Wobei ich immer wieder erstaunt bin, was die einzelnen Algorithmen wohl glauben mögen, wer ich denn sei und wo meine Interessen liegen. Das ist ein anderes Thema.

Soziale Medien haben Vorteile. Ich bin spät zu Facebook gekommen, in erster Linie, weil Menschen in meinem Netzwerk auf Mallorca meinten, ich solle dabei sein. Ich bekäme über soziale Medien eher mit, was auf der Insel passiert, wenn ich nicht vor Ort bin. Wer macht was mit wem, welche Kneipe öffnet wo, was sollte man gesehen haben? Das funktioniert, ich bin in ein paar Mallorcagruppen, erreiche meine Bekannten auf der Insel, weiß, was sie tun. Beziehungsweise weiß ich, was sie die Welt wissen lassen wollen von dem, was sie tun.

Mehr Nutzen hat für mich LinkedIn. Dort darf mich gern jede Leserin und jeder Leser kontaktieren, ich freue mich darauf! Ich bin bei LinkedIn sehr aktiv, poste vier bis fünf Mal die Woche, lese im Stream, wer was wie in Angriff nimmt und umsetzt, welche Themen in der Business- und Technologiewelt diskutiert werden. Ich habe über LinkedIn spürbare Umsätze generiert und Anbieter von Dienstleistungen getroffen, die mir weitergeholfen haben. Ich bin mit Speakerkollegen in Kontakt und sehe, welche Messen und Kongresse geplant sind. Das sind die positiven Seiten.

>»Wir kuratieren inzwischen unser gesamtes Leben um diese vermeintliche Perfektion herum, weil wir dafür mit Herzchen, Likes und Daumen nach oben belohnt werden. Wir fangen an, das mit etwas Wertvollem und etwas Wahrhaftigem zu verwechseln. Aber in Wirklichkeit ist das alles nichts als eine vorgegaukelte und bröcklige Popularität für kurze Zeit, die uns leerer zurücklässt als zuvor.«

Chamath Palihapitiya

Die Social-Media-Firmen kennen keine Gnade und keinen Skrupel: Wir bezahlen all die süßen Vorteile, von der einfachen Kommunikation mit Freunden bis zum Füttern unseres Egos mit Likes, Loves und Followern, mit unseren

Daten, unserer Aufmerksamkeit und unserer Zeit. Wir werden damit das Produkt der sozialen Netzwerke. Unsere Aufmerksamkeit ist das bedeutende Produkt, das von Big Tech, also den großen Software-, Technologie- und Servicefirmen, an Werbetreibende weiterverkauft wird. Die Zeit, die wir in den Streams und in den Gruppen verbringen, wann, wo und wie oft wir uns einloggen, was wir wie lange ansehen und was wir kommentieren, das ist das Gold der digitalen Welt. Was wir selbst posten, die Inhalte, die wir aus Eitelkeit, in der Sucht nach Klicks und nach digitaler Aufmerksamkeit, veröffentlichen, sind nur das Sahnehäubchen auf dem Social-Media-Kuchen. Abhängigkeit und Sucht sind gefährlich. Sie vereinzeln uns, stehlen Zeit, Leben, Liebe und Fokus. Soziale Medien sind so ausgelegt, dass sie potenziell jeden süchtig machen. Sie optimieren anhand unseres Verhaltens ihr Angebot an uns. Sie optimieren, wann wir wo was sehen, wie lange und in welcher Reihenfolge. Dazu schüren sie Emotionen. Eine Whistleblowerin aus dem inneren Kreis von Facebook hat bestätigt, dass Hass ein essenzielles Element des Geschäftsmodells ist.

Hass ist auf den sozialen Medien so zentral, dass sie oft und zu Recht als »asoziale Medien« bezeichnet werden. Das Netz, die digitale Distanz bietet eine Anonymität, die oft und gern für die Verbreitung von Fake News und Hatespeech genutzt wird. Hinter vielen Nutzern verbergen sich keine Menschen, sondern von künstlicher Intelligenz gesteuerte Bots. Und selbst wenn Menschen hinter einzelnen Hass und Verachtung verbreitenden Accounts stehen, bleiben sie anonym und werden nicht gestoppt. Ein Name wie Blumi123 und ein gestohlenes Profilbild sind der Schutzwall, hinter dem Lügen, Angriffe und Hass produziert werden. Die lauten und extremen Meinungen stechen in sozialen Medien an meisten heraus. Je radikaler ein Post, je extremer eine Meinung, desto mehr wird sie gezeigt, gelikt, kommentiert und weitergeleitet. Der Technologie- und Internetaktivist Jaron Lanier hat das »Arschlochmentalität« genannt.

Um das zu ändern, brauchen wir soziale Netzwerke, die ein anderes Geschäftsmodell haben. In der Vergangenheit haben wir verbleites Benzin durch bleifreies ersetzt, weil sich herausgestellt hat, dass Blei krebserregend ist. Das hatte Konsequenzen für die gesamte Lieferkette und den Motorenbau. Wir wissen, dass das Verbrennen von Öl und Benzin spürbare negative Einflüsse auf unseren Globus hat. Wir ersetzen Verbrennungsmotoren durch Elektromotoren, Ölkraftwerke durch Windräder und Gasheizungen durch Erdwärme. Das alles mit Konsequenzen für Handwerker, Energiekonzerne, Landschaften, Tankstellen, Ölkonzerne, Steuereinnahmen, unser Mobilitätsverhalten und unsere Garagen, in die Ladeboxen eingebaut werden. Mit genau diesem Fokus brauchen wir neue soziale Netzwerke. Soziale Netzwerke, die nicht vom

Verkauf unserer Daten leben, deren Algorithmen keine Blasen erzeugen, bei denen Hass und Fake News kein Teil des Geschäftsmodells sind. Diese Netzwerke werden kosten, und zwar uns als Nutzer. Ob das jetzt Monatsabos oder Mikropayments pro Klick sind, ist nebensächlich. Das Bezahlen mit Daten, der Gewinn durch Weiterverkauf meiner Daten durch einen Internetkonzern, das Schaffen von Blasen und das Erzeugen von Hass können beendet werden. Wir müssen es wollen und als Nutzer denen, die nicht mitspielen werden, denen, die heute mit unserem Verhalten, unserer Aufmerksamkeit und unseren Emotionen viel Geld verdienen, die kalte Schulter zeigen.

Das Bewusstsein, dass da etwas nicht stimmt, hat schon weite Teile der Nutzer erreicht. Im tiefsten Innern wissen wir, dass wir zu viel Zeit mit Smartphone, Tablet, PC und TV verbringen, dass das Leben woanders als auf einem Bildschirm stattfindet. Wir fühlen uns oft leer und einsam, wenn wir nach Stunden den Kopf heben und aus der digitalen in die analoge Welt wechseln. Die Netzwerke wachsen trotzdem, neue Applikationen wie TikTok oder Clubhouse finden schnell ihre Nische und ihr Millionenpublikum. Die Faszination ist ungebrochen. Die Technologie ist auch hier wieder neutral, es ist unser Verhalten, das sie zu guter oder schlechter Technologie macht. Und das haben wir in der Hand. Um es zusammenzufassen: Wir lieben es, die sozialen Netzwerke zu hassen, und wir hassen es, sie zu lieben.

Digitale Einsamkeit: Seele und Technologie

Einsam sind, nach traditioneller Vorstellung, alte Menschen, deren Kinder weggezogen sind, deren Freunde gestorben sind, die auf dem Land leben. Einsam sind auch junge Menschen, die mitten im Leben zu stehen scheinen, die in Städten leben. Die erste Gruppe von Menschen stimmt mit dem Bild von Einsamkeit überein, das die meisten von uns haben. Die zweite überrascht. Wie kann man einsam sein, wenn man 1.000 Freunde auf sozialen Medien hat, ständig Informationen austauscht und immer im Strom der Nachrichten, der kleinen delikaten und der großen relevanten, hängt? Die Publizistin Diana Kinnert war am Aufbau des Einsamkeitsministeriums in Großbritannien beteiligt. Sie ist mit der Idee ins Projekt gestartet, dass alte Menschen, und zwar nur alte Menschen, einsam sind. Sehr schnell durfte sie lernen, dass es auch unter den Jüngeren eine relevante Zahl Einsamer gibt. Einsam heißt nicht, allein zu sein. Ich bin oft und gern allein unterwegs. Wenn ich bei einem Klienten vor Ort bin oder für eine Keynote am Vortag anreise, genieße ich es, abends allein ein Bier trinken zu gehen und einen Happen zu essen. Mein E-Book-Reader ist immer dabei, manchmal auch mein Laptop. Weite Teile dieses Buches habe ich an Kneipentresen geschrieben, wenn ich allein unterwegs war. Einsam fühle ich mich dabei nie. Viele kennen das Gefühl, mitten in einer großen Menschenmenge zu sein, sich aber einsam zu fühlen, am falschen Ort, in der falschen Zeit. Die Menschen um einen herum machen irgendwas, man versteht es nicht, das Gefühl, nicht dazuzugehören, stellt sich ein. Einsamkeit. Alleinsein ist selbst gewählt, ist positiv, ist ein Zustand, den ich auch über längere Zeit genießen kann. Einsamkeit ist negativ, ist aufgezwungen, ein Zustand, in dem Sein und Wollen nicht übereinstimmen. Einsame Menschen befinden sich in einer Situation, in der sie nicht sein wollen, sie empfinden diesen Zwiespalt als schmerzhaft.

Junge Menschen, die vernetzt sind, online viele Freunde haben, sind oft sehr einsam. Sie sind nicht in der Lage, wirkliche Emotionen auszudrücken, Zweifel, Ängste, Niederlagen zu kommunizieren. Wenn sie das tun, werden sie in ihren digitalen Netzwerken als lästig wahrgenommen. Sie entsprechen nicht dem fröhlich-bunten Hedonismus, der Standard zu sein scheint. Sie treibt die Angst an, sie könnten ausgetauscht werden, weil sie bei der digitalen Party nicht mitfeiern, nicht bunte Bilder von Vergnügen, Wohlstand und Wohlfühlen posten. Dieser Widerspruch, diese Friktion führt dazu, dass sich viele gut vernetzte junge Menschen einsam fühlen. Der Musiker Steven Wilson hat auf seinem Album »Hand. Cannot. Erase« die wahre Geschichte von Joyce Carol Vincent erzählt. Sie lebte in London, hatte einen Job, Familie und

Freunde, war gut vernetzt. Sie stand in ihrem Leben an Wendepunkten, was Arbeit, Beziehungen und Familie anging, aber keineswegs in einem außergewöhnlichen Umfang. Sie starb allein in ihrer Wohnung und es dauerte über zwei Jahre, bis sie gefunden wurde. Zwei Jahre hat niemand sie vermisst. Zwei Jahre fragte niemand nach einer Frau, die anscheinend mitten im Leben stand. Zwei Jahre hat niemand gemerkt, dass auf sozialen Medien keine Posts mehr von ihr kamen.

Einsamkeit entsteht trotz, mit und durch Technologie. Die Geschwindigkeit, Oberflächlichkeit und Unverbindlichkeit von digitaler Kommunikation führen zur Distanz zwischen Wunsch und Wirklichkeit. Das technologiegestützte Leben, die objektiven und die gefühlten Ansprüche, enden in Spannungen zwischen Innen und Außen. Das führt zur Diskrepanz zwischen Wollen und Sein und am Ende zu Einsamkeit. Auf der anderen Seite haben wir in den Lockdowns der letzten Zeit erfahren, wie gut es tun kann, per Videochat mit unseren Lieben zu kommunizieren, Nachrichten auszutauschen, wenigstens durch Worte und Videobilder ein Minimum an Nähe herzustellen. Auch hier wieder die Erkenntnis: Technologie ist neutral, was wir als einzelne Personen, als Unternehmen und als Gesellschaft daraus machen, macht sie zu guter oder schlechter Technologie, führt zu Bereicherung oder Armut, zu Kommunikation oder Stille, zu Verbundenheit oder Einsamkeit.

Vertrauen ist essenziell in der Beziehung zwischen Menschen. Ohne ein minimales Vertrauen ist kein Handel möglich, funktioniert Geld nicht, wird Kommunikation schwierig. Wie Yuval Noah Harari schreibt: »Das Bilden größerer Gruppen von Menschen, der Handel über Familien- und Stammesgrenzen hinaus, das Beenden des reinen Tauschhandels, das ist nur mit einem grundlegenden Vertrauen in andere Menschen und in den Wert von Geld möglich.« Vertrauen prägt auch die Beziehung zwischen Mensch und Technik. Man spricht in diesem Zusammenhang von »Overtrust« und »Undertrust«. »Overtrust« tritt auf, wenn der Glaube des Menschen an die Technologie größer ist als ihre Möglichkeiten. Beispiel automatisiertes Fahren: Wenn man im großen Videoportal sucht, findet man Videos von Menschen, die die »Autopilot« genannte Funktion ihres (amerikanischen elektrischen) Autos anschalten und anschließend hinter dem Steuer ein Nickerchen machen. Diese Funktion ist technisch und gesetzlich nur eine Level-2-Automatisierung. Das heißt, der Fahrer muss das Fahrzeug immer und konstant überprüfen, muss Fahrweg, Umgebung und andere Verkehrsteilnehmer immer im Auge haben. Diese Kontrolle findet nicht statt, wenn der Fahrer schläft. Das Vertrauen der Nutzer ist hier größer als die Funktionalität der Technologie. Sie trauen dem System mehr zu, als es kann. Es sind Unfälle mit Fahrzeugen passiert, bei denen Menschen ums Leben gekommen sind, weil sie der Technologie zu sehr vertraut haben. Weil sie sich während der Fahrt vom Fahrersitz auf die Rückbank gesetzt haben. Weil sie geschlafen haben. Ein anderes Beispiel für »Overtrust« ist das blinde Vertrauen in Navigationssysteme. Nutzer fahren falsch herum durch Einbahnstraßen oder in Flüsse. Wir tippen Texte ins Smartphone, vertrauen der Korrekturfunktion und verschicken peinliche, kryptische oder entstellte Nachrichten. Grund für Overtrust ist häufig eine Überkommunikation der Hersteller. Marketing geht vor Realität. Wenn ein Fahrerassistenzsystem »Autopilot« genannt wird, verhalten sich die Nutzer entsprechend. Viele Menschen haben ein erhöhtes Grundvertrauen in Technologie, andere nicht.

»Undertrust« tritt auf, wenn Menschen der Technologie zu wenig trauen. Wenn das Vertrauen geringer ist als die tatsächlichen Möglichkeiten der Technologie. Menschen nutzen Technologie nicht, sondern verlassen sich auf sich selbst oder gehen ganz andere Wege. Beim Beispiel des Autopiloten heißt das, sie schalten das System nicht ein, sondern fahren selbst. Nachteil ist hier, dass die Vorteile der Technologie nicht genutzt werden. Man verzichtet auf Unterstützung, auf Entlastung und auf Sicherheit, die Technologie bieten kann. Der Nutzen wird für ein Gefühl der Kontrolle ausgeschlagen. Das Mehr an Sicherheit, Bequemlichkeit und Komfort geht verloren, wenn

Technologien nicht genutzt werden. Wenn Technologie ein Missbrauchspotenzial hat, wird jemand es nutzen. Wenn die Möglichkeit besteht, zu viel Vertrauen in eine Technologie zu setzen, wird jemand dieses Zuviel aufbringen. Tiefliegende Ängste von Nutzern, Misstrauen und ungute Gefühle sind echt, sie sind relevant und sollten ernst genommen werden. Sowohl bei »Overtrust« als auch bei »Undertrust« hilft Kommunikation. Kommunikation über die Möglichkeiten und Grenzen und den Wert von Technologie. Ehrliche Kommunikation, keine Marketingversprechen, keine Angstmacherei. Ziel ist es, das Vertrauen der Nutzer genau dort zu haben, wo die Möglichkeiten der Technologie sind.

Nicht nur das Verhältnis von Mensch und Technik wird von Vertrauen geprägt, das Vertrauen zwischen Menschen wird durch Technologie verändert. Als ich ein Kind war, haben meine Eltern mich auf mehrtägige Klassenfahrten oder Freizeiten geschickt. Als Jugendlicher habe ich mich mehrere Male für vier Wochen mit einem Interrailticket Richtung Südeuropa abgesetzt. Wenn ich großzügig war, gab es zur Halbzeit der Reise eine Postkarte als Lebenszeichen an meine Eltern. Die kam meistens sechs Wochen nach meiner Rückkehr an, wenn überhaupt. Das wäre heute undenkbar. Wenn Sohn oder Tochter Flugzeug, Zug oder Auto besteigen, werden sofort Nachrichten hin- und hergeschickt. Weil die technologische Möglichkeit besteht, wird der Kontakt konstant aufrechterhalten. Die Leine zwischen Eltern und Kindern wird nicht länger gelassen. Smartphones schaffen die Möglichkeit, ständig in Kontakt zu bleiben, und sie wird genutzt. Meine Eltern hatten keine andere Wahl, als mir zu vertrauen. Es gab ein paar Anweisungen, ich solle mich bitte nicht allzu sehr danebenbenehmen, danach riss die Verbindung ab und Vertrauen war gefragt. Heute führt die Technologie dazu, dass dieses Vertrauen nicht aufgebaut und nicht getestet wird, ob man dem anderen, dem Schicksal, den Umständen vertrauen kann. Der Glaube an andere und der Glaube an glückliche Fügung, das Urvertrauen, werden durch digitale Kommunikation zerstört. Mangelndes Vertrauen führt zu Kontrolle. Ein Bekannter von mir hat eine Frau und zwei erwachsene Kinder. Alle haben eine App auf dem Smartphone, mit der sie gegenseitig sehen, wer sich wo befindet. Ich meine, was soll das? Will ich wirklich wissen, wer was macht? Gefühle der Hilflosigkeit und der Angst führen zu Misstrauen und Kontrolle. Das Gefühl einer falschen Nähe und des Bescheidwissens reduziert das Vertrauen in unsere Kinder. Wir nehmen mit diesem Verhalten unseren Kindern die Möglichkeit, zu probieren, ob Vertrauen entsteht und hält, und zur Not auch mal enttäuscht zu werden. Ich kann nicht erwarten, dass ich selbstdenkende, vertrauende Menschen erschaffe, wenn ich konstant Kontrolle ausübe und damit Misstrauen kommuniziere. Als mein Bekannter auf dem Rückweg vom Sport noch einen Umweg machte und einen Brief in den Briefkasten warf, wurde er zu Hause mit den Worten »Wo warst du noch?« empfangen.

Intimität hat ursprünglich rein menschliche Beziehungen beschrieben. Sie bezeichnet das Innerste, Vertrautheit, eine Nähe, die schützenswert ist. Kommunikation in Intimität ist intuitiv, ohne Anstrengung. Die Betrachtung von Technologie und Intimität erscheint in diesem Licht problematisch. Die Algorithmen der Einkaufs-, Nachrichten- und Streamingplattformen dienen zunehmend der Ordnung von alltäglichem Wissen und dem Optimieren von Konsum, nicht der Nähe und der Selbstverständlichkeit. Der Philosoph Max Bense hat 1970 die Intimität zwischen Fahrer und Fahrzeug analysiert, hat sie als »ein vollkommenes Mensch-Maschine-Team, eine existenzielle Partnerschaft zwischen Störungen und Ängsten, zwischen maschinellen Aktionen und menschlichen Reaktionen, zwischen Signalen und Impulsen, zwischen Geräuschen und Entschlüssen« bezeichnet. In der Arbeitswelt fallen die Zäune zwischen Maschinen und Menschen, der Kollege Roboter ist in der Industrie 4.0 ein realistisches Szenario. Der Soziologe Alex Lambert spricht von »Social Media Intimacy«, der Intimität durch und mit sozialen Medien. Diese Intimität wird durch physische Nähe erzeugt. Das Smartphone haben wir immer in der Nähe unseres Körpers. Die Smartwatch tragen wir auf der Haut, die Brille für künstliche Realität im Gesicht. Im nächsten Schritt wird Technologie in unsere Körper implantiert. Geht es noch intimer? Neben dem körperlichen Aspekt bilden sich intime Beziehungen zwischen Mensch und Technik auf geistiger Ebene aus, Heimat, Heimeligkeit, Vertrauen. Technologie wird nicht nur Teil unseres Körpers, sondern Teil unseres Denkens und unserer Seele.

Die Digitalisierung, allgegenwärtige Technologie beschleunigt unsere Leben, erhöht Anforderungen, macht uns vergleichbar und vergleichend, stellt uns gewollt und ungewollt in das Licht der Öffentlichkeit. Stille und Langsamkeit werden zu Gegentrends. Sie kompensieren die Anforderungen durch einen Gegenpol. Die Sehnsucht nach Stille erfasst uns immer wieder. Dazu kommt die Angst vor der Stille. Wer bin ich, wenn um mich herum alles zur Ruhe kommt? Was bleibt, wenn Klingel, Bling, Piep, Blitzel, Flacker plötzlich nicht mehr stattfinden? Wenn das technologisch getriebene Gebrabbel um uns und in uns verstummt? In der Stille begegnen wir uns, unseren Gedanken, Träumen, Ideen, unserer Idee von Gott und dem großen Ganzen. Wir schauen in unsere Abgründe. Auch hier haben wir wieder diese Dualität: In einer Welt voller digitaler Marktschreier sitzen wir einsam in einer Videokonferenz, die Sehnsucht nach erfüllender Stille steht gegen die einsam machende Stille. Technologie kann uns verstümmeln, unsere Kommunikation beschränken und uns einsam hinterlassen. Sie kann Kommunikation ermöglichen, den Austausch zwischen Menschen, sie verschafft uns Zugang zu Kultur und Entspannung. Sie macht uns zu ferngesteuerten mentalen und physischen Cyborgs und gleichzeitig zu informierten, kommunizierenden menschlichen Wesen.

Technologie zerstückelt unsere Leben, wenn wir es zulassen. Jede SMS, jede Mail, jede Messenger-Nachricht, jede Meldung aus den sozialen Medien hat das Potenzial, uns zu unterbrechen. Unseren Fokus auf eine berufliche Tätigkeit, ein privates Gespräch, einen intimen Moment zu zerstören. Menschen haben das realisiert und wollen sich immer weniger diesen Unterbrechungen unterwerfen. Die Ressource Zeit rückt immer mehr ins Bewusstsein der Menschen. Sie spielt eine immer stärkere Rolle in der Gesellschaft. Wobei das eine subjektive Empfindung ist. Am Ende haben alle 24 Stunden am Tag, 7 Tage die Woche und 52 Wochen im Jahr. Wie wir Zeit nutzen und wie wir sie wahrnehmen, ist subjektiv. Es ist eine Frage der Priorisierung. Wenn ich Störungen und Unterbrechungen einen hohen Stellenwert einräume, sie überhaupt an mich heranlasse, habe ich »keine Zeit«. Wenn ich anders priorisiere, wenn ich Wichtiges in den Fokus rücke, habe ich plötzlich Zeit. Ich erlebe die Zeit, die ich habe, tiefer, ich fülle sie mit Sinn und Nutzen. Seitdem ich langsamer gehe, habe ich mehr Zeit. Seitdem ich nicht auf jeden externen Trigger anspringe, erlebe ich mehr. Seitdem ich die Trommeln der anderen ausblende, tanze ich nach meinem eigenen Rhythmus.

Komplett am Ende: Burn-out durch Technostress

Technologie lässt Grenzen verschwimmen und verschwinden. Kommunikation wird einfach und unabhängig von Zeit und Ort. Wir können von überall mit jedem Menschen Nachrichten austauschen, sind erreichbar, unter Umständen lokalisierbar. Das können wir treiben, fördern, nutzen. Oder wir werden getrieben, gefordert und ausgenutzt. Wir werden zum Opfer der Erreichbarkeit. Die Grenzen zwischen Arbeit und Freizeit verschwimmen. Die Erholung im Urlaub wird durch Mails und Anrufe unterbrochen. Die räumliche und gedankliche Trennung von Büro und Wohnung, von Leistung und Erholung, von Anspannung und Entspannung, von Fokus auf das Außen und Rückzug ins Innen wird aufgehoben. Es gibt den Begriff "Technostress". Damit ist nicht der Stress gemeint, den ich beim Hören von Technomusik empfinde. Der ist für mich erheblich, hier im Kontext jedoch unerheblich. Es ist der Stress, der durch Technologien, durch ihre Anwesenheit und ihre Anforderungen ausgelöst wird. Die Allgegenwart von Technologie, die ständige

Erreichbarkeit über digitale Kanäle, die wiederholten Unterbrechungen in der Fokussierung, die dauerhafte Kontrollierbarkeit führen zu Stress bis hin zum Burn-out. Dazu kommt das Gefühl, etwas zu verpassen und damit irrelevant zu werden, wenn man nicht drei mal in der Stunde die Mails checkt und in jedem Videocall sitzt. Wir betreiben dauerhaftes Multitasking, fordern uns über das erträgliche Maß hinaus und sehen den ständigen Zwang, uns an neue Umgebungen und Technologien anpassen zu müssen. Das wird gern FOMO genannt, Fear of missing out, die Angst, etwas zu verpassen. Technostress ist ein Produkt der misslungenen Anpassung unserer Wahrnehmung und unseres Verhaltens an die sozialen, psychischen und technologischen Anforderungen, die durch die omnipräsenten Geräte ausgelöst werden. Er äußert sich in Konzentrationsschwierigkeiten, Nervosität, Ängsten, Müdigkeit, Depression und einem steigenden Missbrauch von Medikamenten, Alkohol und Drogen. Am Ende steht der Burn-out mit all seinen hässlichen Konsequenzen. Neueste Zahlen deuten darauf hin, dass deutlich über 50 Prozent aller Arbeitenden mindestens einmal im Berufsleben einen Burn-out haben oder kurz davorstehen. Wie viel davon durch Technologie ausgelöst wird, ist unklar, zumal wir auch hier wieder die Janusköpfigkeit sehen: Wir haben handfeste Vorteile durch die einfache Erreichbarkeit im selben Maße, wie sie uns unter Druck setzt. Wir können Informationen aus dem ständigen Strom der Nachrichten ziehen, sie können uns genauso überfordern. Wir können die Geschwindigkeit des Reisens genießen oder uns ausgeliefert fühlen.

Die Versuchung ist groß: Abends noch schnell eine Mail vor dem Schlafengehen bearbeiten, im Urlaub kurz die Chefin anrufen, um etwas zu klären, nur mal eben am Sonntagabend die Mails checken, damit man weiß, was einen am Montagmorgen erwartet. Das Ganze wird durch die internationale Zusammenarbeit verstärkt: Wenn wir in Europa aufwachen, sind die Kollegen in China und Japan schon sieben oder acht Stunden im Büro, wenn wir den Tag beenden, geht es an der Westküste der USA los. Auch hier wieder die zwei Seiten der Technologie: In Zeiten des Lockdowns haben viele von uns im Homeoffice gearbeitet. Damit sind Industrie, Handel und Verwaltung nicht zum Erliegen gekommen. Die mehr oder weniger bejubelte Freiheit, immer und überall flexibel arbeiten zu können, hat sich in vielen Fällen zu einem Work-Life-Balance-Alptraum entwickelt. Freiheit wurde zu Zwang, Kommunikation zu Kontrolle, Leichtigkeit zu Druck.

Zu Beginn meines Berufslebens habe ich in einer weitgehend analogen Welt gearbeitet. In meinem ersten Büro 1992 hatte ich zwei Schreibtische, einen für das Lesen auf Papier und das Recherchieren in Büchern und Zeitschriften und einen anderen mit einem PC zur Analyse von Daten und zum Schreiben von Texten. Erst 1994 habe ich einen Internetanschluss bekommen, zusammen mit meiner ersten E-Mail-Adresse. Noch zehn Jahre danach waren Mails nur auf einem Rechner zu lesen, der an das Firmennetzwerk angeschlossen war. An Homeoffice im heutigen Stil mit Zugriff auf firmeninterne Daten und Dokumente war nicht zu denken. Als Wissenschaftler mal ein Buch mit nach Hause nehmen und auf dem Sofa lesen, das ging. Voller Zugriff auf alles, jederzeit von überall, das war undenkbar. Es stellt sich die Frage, welche Art der Arbeit, welcher Lebensstil die bessere, die menschengerechtere Lösung ist. Es ist selbsterhöhend und beruhigend, die eigene Wichtigkeit ständig durch Mails, Nachfragen und Videokonferenzen bewiesen zu bekommen. Es schwingt die Gefahr mit, dass wir in der Stressfalle landen. Homeoffice hat in der Pandemie gezeigt, dass es prinzipiell geht. Vorteile sind der Wegfall von Wegezeiten, die flexiblere Einteilung der Zeit, potenziell geringe Störungen. Im Homeoffice steht nicht plötzlich der Kollege hinter einem und will was wissen. Die Abwertung der Freizeit durch ständige Erreichbarkeit, das Gefühl zu »müssen«, Kontrollierbarkeit und kurze Reaktionszeiten sind die negative Seite.

Es sind wieder wir selbst, die Entscheidungen fällen, die wahrnehmen und reagieren. Es sind wir selbst, die die richtige Balance finden dürfen, den eigenen Weg. Dafür gibt es drei Bereiche, in denen Änderungen vorgenommen werden können: die Bewertung der Situation, das Schaffen von Ressourcen und die Strategien zur Bewältigung. Technostress wird nicht verschwinden, wir können nur lernen, damit umzugehen, ihn so zu reduzieren und zu kanalisieren, dass Burn-out vermieden wird. Wir müssen lernen, als Menschen, Organisationen und als Gesellschaft allgemein akzeptierte Lösungen zu finden, welche die Balance zwischen dem Nutzen von Technologie und den negativen Auswirkungen herstellen. Soziale Netzwerke sind darauf ausgelegt, uns dauerhaft in ihren Bann zu ziehen, wir sollen dort nach dem Willen der Entwickler und Besitzer viel Zeit verbringen und wir werden dort emotionalisiert. Jedes Like, jeder positive Kommentar zu einem Post führt zum Ausstoß von Dopamin, einem Glückshormon. Die Dopaminschüsse machen abhängig, wie Junkies hängen wir an der Nadel der Aufmerksamkeit. Es stellt sich beim Scrollen, Kommentieren und Posten ein Flow ein, das Gefühl, dass alles im Fluss ist. Das Geschäftsmodell, unsere Aufmerksamkeit zu binden, unsere Zeit, unsere Emotionen und unsere Daten geschenkt zu bekommen, wird durch Hormone und Physiologie beschleunigt. Auf Streamingportalen wird der Flow ausgenutzt, indem am Ende eines Videos gleich ein neues gestartet wird. Wir sind so im Glück, so gebannt, so fasziniert, so sehr im Flow und damit von unserer Urteilsfähigkeit getrennt, dass wir Zeit und Raum vergessen und erst aufhören, wenn die physische oder psychische Erschöpfung überwältigend wird. Natürlich ist es schön, sich unterhalten zu lassen, natürlich macht es Spaß, sich Geschichten erzählen zu lassen, natürlich ist ein Flow-Gefühl schön und entspannend und kann uns zu uns selbst führen. Wir sind wieder bei der Zwiespältigkeit von Technologie. Irgendwann wachen wir auf und stellen fest, dass verdammt viel Zeit vergangen ist, die wir nicht bewusst waren, die wir fremdgesteuert verbracht haben, die nie wiederkommt.

Technologie hat ein enormes Suchtpotenzial. Von den Fernsehverweigerern in den 1970er-Jahren bis zu den Menschen heute, die Smartphones ablehnen: Die Verweigerer spüren das Suchtpotenzial von Technologien und schützen sich mit ihrer Ablehnung vor der befürchteten Abhängigkeit. Es ist der Zweifel an der eigenen Stärke, dem Suchtpotenzial widerstehen zu können. Viele Geräte, Apps und Services sind so designt, dass sie süchtig machen, »addiction by design«. Aus Sicht derer, die sie erstellen und damit Geld verdienen, ist das verständlich, nachvollziehbar und richtig. Wir als Nutzer haben die Aufgabe, unser Verhalten zu beobachten und anzupassen. Wir kommen nach Hause, sind erschöpft und sehnen uns nach ein paar Momenten der Ruhe. Klamotten aus, ab auf das Sofa. Wir wollen nur noch einen kurzen Blick auf das Smartphone werfen, einen allerletzten, und schon ist wieder eine Stunde um. Das ist doch klassisches Suchtverhalten. Uns erfüllen die Stille, die Leere, das Fehlen externer Stimuli mit Unbehagen. Wir sind unfähig, in uns Sinn zu finden, unsere Mitte, und das kompensieren wir durch Technologienutzung. Wir lassen uns von toten Artefakten, von Objekten aus Plastik, Silikon und Glas, von Bits und Bytes, von Algorithmen anschreien, fesseln, binden und manipulieren.

WAS KOMMT?
DIE ZUKUNFT DES TECHNOLOGISIERTEN MENSCHEN

»Das Merkwürdige an der Zukunft ist die Vorstellung, dass man unsere Zeit einmal die gute alte Zeit nennen wird.«

Ernest Hemingway

Technologie hat sich in unserem Leben breitgemacht. Sie hat praktisch alle Lebensbereiche erobert. Wir werden sie nicht wieder los. Und, ehrlich gesagt, ich will sie auch nicht wieder loswerden. Zu deutlich, zu allgegenwärtig, zu mächtig sind die Vorteile, die viele der technischen Geräte und Systeme uns bieten. Zu verführerisch ist die Bequemlichkeit, die Einfachheit, die Technologie uns bringt. Wir befinden uns am Beginn einer exponentiellen Entwicklung von Technologie. Die Geschwindigkeit, mit der Technologie wächst, wird konstant höher. Die Geschwindigkeit des Wachstums der Geschwindigkeit wächst auch. Diese Entwicklung umfasst Zahl, Funktionen und Präsenz von Technologie in unserem Leben und unserer Welt. Wir stehen ganz am Anfang dieser Entwicklung. Rückblickend werden wir in 20, 30 oder 50 Jahren sagen, was für eine gemütliche, vorhersehbare, kontrollierte und langsame Welt die 2020er-Jahre doch waren.

Wir werden diese Entwicklung zu mehr, schneller, komplexer und allgegenwärtiger nicht stoppen können. Die meisten von uns werden sie nicht stoppen wollen. Was wir ändern können, sind unsere Sichtweise auf Technologien, unser Umgang damit und die Konsequenzen, die wir ziehen. Wir haben unser Verhalten, unsere Einstellung und unsere Sicht auf Dinge unter Kontrolle. Es gibt für jeden von uns drei Wege, mit dem exponentiellen Wachstum von Technologie umzugehen: ignorieren, akzeptieren oder gestalten.

Es ist eine Option, neueste Technologien und die aktuellen Innovationen zu ignorieren. Es ist wahrscheinlich schwierig, aber irgendwie geht es. In meinem Umfeld gab und gibt es Menschen, die sich in mentale Eremiten verwandelt haben, die alle Neuerungen negativ sehen, die hinter allem ein Komplott, den Überwachungsstaat, das Silicon Valley, Bill Gates, die Wokeness oder die Mafia vermuten. Menschen, die nicht berechtigte Skepsis haben, sondern in Fundamentalopposition zu allem Neuen leben. Eine kritische Sichtweise ist mehr als angebracht. Mit der pauschalen Ablehnung, Innovationen auch nur wahrzunehmen, verzichten wir auf Einsicht, Verständnis, auf Einflussnahme, verzichten wir auf die Vorteile, die Technologie uns bringt. Technologie hat das Potenzial, unser Leben besser zu machen. Besser im Sinne von schneller, einfacher, fokussierter, wertvoller, sicherer oder einfach nur lustiger. Die Entwicklung schreitet voran, Innovationen werden kommen und wenn wir nicht wissen, was los ist, nicht informiert sind, die Augen verschließen vor dem, was die Welt antreibt, können wir nicht verstehen, was passiert, keine kritische Position einnehmen, keine Veränderungen in unserem Sinne denken und erzielen. Die pauschale Ablehnung führt in eine Sackgasse.

Akzeptieren, und ich meine hier eine passive Akzeptanz, das Hinnehmen von allem, was kommt, verbaut ebenfalls die Handlungsoptionen. Die gemütliche Rückenlage, das Sitzen im Sessel der Akzeptanz verschafft uns keine Hebel für Veränderung, verwehrt uns die Einflussnahme. Der akzeptierende Konsum bindet die Hände.

Es bleibt die Möglichkeit, zu gestalten, sich aktiv einzubringen, zu reflektieren, zu kritisieren und zu reagieren. Gestalten heißt nicht, dass wir alle zu Technologieentwicklern, Programmierern, Chipentwicklern und Produktmanagern werden sollen. Es geht darum, informiert zu sein, Einblicke in Regeln und Konsequenzen zu haben, das Bewusstsein für die Richtung, in die sich Technologie bewegt, zu entwickeln, sie zu bewerten und für sich die Konsequenzen zu ziehen. Die Betonung liegt darauf, Konsequenzen für SICH zu ziehen.

Die große Welle können wir nicht aufhalten. Das könnten selbst Elon Musk, Bill Gates, Marc Zuckerberg, Jeff Bezos und Richard Branson nicht. Wenn sie es denn wollten. Das exponentielle Wachstum wird aus sich heraus getrieben und verstärkt sich selbst. Was wir, du und ich, verändern können, sind unser Blick und die Bewertung unserer Wahrnehmung, die Interpretation des Geschehens, und es sind die Konsequenzen, die wir für uns ziehen. Unsere Einstellung macht für uns den Unterschied, sie steuert unsere Wahrnehmung, die Wertung der aufgenommenen Informationen und unsere Reaktion darauf.

Wenn wir uns selbst ermächtigen wahrzunehmen, zu denken, zu entscheiden und zu handeln, können wir uns aus der Technologiedominanz befreien und genau den Teil unseres Lebens zurückgewinnen, den wir an Technologie verloren haben. Wir können uns die Möglichkeiten schaffen zu reagieren. Im Wort »Verantwortung« steckt das Wort »Antwort«. Übernehmen wir Verantwortung, können wir Antworten geben. Wenn wir die Verantwortung durch Ignoranz oder Akzeptanz der Technologie-entwicklung abgeben, können wir nicht antworten. Mit Abgabe der Verantwortung nehmen wir uns die Optionen, zu handeln und damit das Leben zu einem besseren Leben zu machen. Um richtige Antworten auf die Technologiedominanz geben zu können, auf das Streben der Technologiefirmen nach meiner Zeit, meiner Aufmerksamkeit und meinen Daten, um die Verantwortung für mich und für mein Leben übernehmen zu können, ist Wissen unabdingbar. Ohne zu wissen, was ist, ohne die Zusammenhänge zu kennen, werden wir nicht antworten können. Wenn wir einen Blick darauf werfen, was kommt, wenn wir bei allen Unsicherheiten vorhersagen können, was wahrscheinlich die kommenden Entwicklungen sein werden, dann sehe ich uns gut gerüstet, die nächsten Schritte anzugehen.

Platon sah schon Schrift und Papier als Hindernis auf dem Weg zum wahren Menschsein. Geschriebene Worte ersetzen die zutiefst menschliche Eigenschaft des Erinnerns. Viele Technologien wurden von Anfang an verdächtigt, Lärm und Ablenkung in unser Leben zu tragen und uns vom Menschsein zu entfernen. Die Idee, dass Innovationen und Technologien uns verändern, und das nicht immer zum Besseren, ist uralt. Sie ist wahrscheinlich so alt wie die Technikgeschichte: Auch bei der Einführung alternativer Formen von Faustkeilen wird es Bedenken gegeben haben.

Sorry, dass ich hier einigen der Großen widerspreche: Der menschliche Geist hat Möglichkeiten geschaffen, sich zu entlasten, sich von Kram und Unnützem zu befreien, sich auf genau die Dinge zu fokussieren, in denen er richtig gut ist. Unser Gehirn ist dazu gemacht, Ideen zu haben, nicht sie zu behalten. Unser Gehirn ist eine Assoziationsmaschine und kein Datenspeicher. Kreativität ist einer der Punkte, in dem Maschinen uns nicht so schnell den Rang ablaufen werden. Das pure Speichern und Abrufen von Daten kann jede Elektronik besser als ein Mensch.

Trends und schwarze Schwäne: Wie geht's weiter?

Prognosen sind schwierig, insbesondere wenn sie die Zukunft betreffen. Diese Aussage ist diversen großen Männern, komischerweise nie Frauen, in den Mund gelegt worden. So trivial, wie sie ist, so wahr ist sie auch. Schwierig heißt nicht unmöglich. Rückblickend ist es immer einfach, Prognosen als albern, überzogen, zu konservativ und schlicht falsch zu identifizieren. Ein Beispiel ist die Aussage von Kaiser Wilhelm II.: »Ich glaube an das Pferd, das Automobil ist eine vorübergehende Erscheinung.« Oder die Aussage von Gottlieb Daimler 1895, es werde nie mehr als 5.000 Autos geben, ganz einfach, weil es nicht mehr als 5.000 Chauffeure gibt. Oder um eine dritte Prognose aus dem Automobilbereich zu verwenden: »Das Auto hat keine Zukunft, die Zukunft liegt in Kohle und Stahl.« Das war angeblich der Bürgermeister von Cleveland, woraufhin die amerikanische Autoindustrie nach Detroit zog, weil der dortige Bürgermeister im Glauben an die Zukunft des Autos die Autohersteller hofierte.

Je schwerer ein Objekt ist, je mehr physisches Gewicht es hat, desto langsamer läuft die Innovation, je leichter ein Objekt ist, desto schneller ist sie. Kraftwerke, Gebäude, Flugzeuge, das sind sehr schwere Objekte, dort gehen Innovationen eher langsamer voran. Gebäude wiegen viele Tonnen und stehen Jahrzehnte, manche Jahrhunderte. Verkehrsflugzeuge mit einem Gewicht von 65.000 kg (Leergewicht eines Airbus A320) werden häufig 20 bis 30 Jahre gebaut. Autos wiegen 1.500 bis 2.000 kg, dort gibt es alle fünf bis zehn Jahre ein neues Modell. Smartphones wiegen rund 500 g, es gibt alle ein bis zwei Jahre ein neues Modell. Software schließlich wiegt nichts,

Updates kommen gefühlt alle paar Tage auf unsere Rechner, Tablets und Smartphones. Das Internet hat sich so rasant entwickeln können, weil ein großer Teil davon Software, digitale Kommunikation, das Verschieben gewichtsloser Daten ist. Die Innovationsgeschwindigkeit wird bei physischen Objekten gern überschätzt, bei digitalen Produkten, wie drahtloser Datenübertragung, Software, Algorithmen oder Services, eher unterschätzt.

Ich habe als Jugendlicher in den 70er-Jahren einen Science-Fiction-Roman gelesen, in dem im Jahr 1995 eine bemannte Rakete in andere Sonnensysteme fliegt und die Programmierung des Bordcomputers mit Lochstreifen erfolgt. Das mit der Rakete, einem schweren, physischen Objekt, wird auch in absehbarer Zeit nicht passieren. Im Jahr 1995 waren Lochstreifen, ein frühes Medium, um Software zu speichern, lediglich eine ferne Erinnerung. Sie spielen seit Ende der 1960er-Jahre nur noch in Spezialbereichen eine Rolle.

Die Frage, was denn genau wann kommen wird, worauf wir uns vorbereiten sollten, ist die eine Frage. Es ist eine gute Frage, aber nicht die relevante. Wichtiger ist, wie wir kontrollieren können, was kommt. Wie wir die Zukunft gestalten können, anstatt abzuwarten, was denn die technische Welt auf uns entgegenwerfen wird. Wie wir in den Fahrersitz der Entwicklung kommen und das Steuer in die Hand nehmen können. Dass wir nicht wissen, wie die Zukunft aussieht, ist Ausdruck der Chance, die wir haben, aus diversen möglichen Zukünften diejenige umzusetzen, die uns am besten gefällt. Dazu sollten wir wissen, wie die möglichen Zukünfte aussehen und was wir wollen. In meinem Beratungsbusiness bearbeite ich oft strategische Projekte. Klienten fragen mich: Was kommt auf uns zu und wie können wir auf das, was kommen mag, reagieren? Meine Antwort ist: Der sicherste Weg, die Zukunft vorherzusagen, ist, sie zu machen. Auch eine Aussage, die viele kluge Männer getroffen haben sollen und die ganz genau so stimmt. Ein Beispiel aus meinem Leben als Berater: Ich habe einen Lenkradhersteller als Klienten, der mich gefragt hat, was mit seinem Produkt passiert, wenn immer mehr Fahrfunktionen automatisiert werden. Wird es an Wert gewinnen oder verlieren? Werden Lenkradhersteller irgendwann überflüssig? Ich habe darauf geantwortet: »Ihr stellt 30 Prozent aller Lenkräder für die Autoindustrie in Deutschland her. Wer, wenn nicht ihr, kann die Trends setzen?« Wir haben daraufhin gemeinsam Lenkradkonzepte und Konzepte jenseits von Lenkrädern entwickelt und die Maßnahmen zur Umsetzung definiert. Der Klient ist in der Lage, aktiv die Zukunft zu gestalten, hat seine Innovationen selbst in der Hand und setzt die Punkte auf der Technologie-Roadmap. Er hat Verantwortung für seine Zukunft übernommen und kann die Antworten auf die Fragen geben, die die Zukunft stellt.

Ich werde immer wieder gefragt, woher ich denn wisse, wohin die Trends gehen, was kommt und welche Maßnahmen heute getroffen werden müssen, um in Zukunft ein erfolgreiches Leben oder eine erfolgreiche Firma zu führen. Ich rede viel mit Entscheidern in der Industrie, habe den Überblick, lese viel und beschäftige mich mit Zukunftsthemen. Ich verstehe Trends und Bewegungen und kann die Veränderungen aus einem Bereich wie der Smartphone-Industrie in einen anderen Bereich spiegeln, zum Beispiel die Autoindustrie. Wissen ist dabei das eine, Gestalten das andere. Für die nächsten fünf bis zehn Jahre kann man technologische Trends vorhersehen, alle Vorhersagen, die darüber hinausgehen, sind reine Spekulation. Es ist einfach, Dinge, die in der Vergangenheit passiert sind, in die Zukunft zu verlängern. Das ist das, was viele Beratungsunternehmen tun und womit sie viel Geld verdienen. Sie schauen, was in der Vergangenheit passiert ist, wo wir heute stehen, fügen ein paar Daten aus anderen Bereichen hinzu und berechnen vielleicht noch einen Korrekturfaktor ein und präsentieren eine gefühlte Lösung. Diese Berater glauben, Absatzzahlen einzelner Technologien, das Ende und die Neueinführung von Technologien sowie die Entwicklung ganzer Märkte für viele Jahre vorhersagen zu können. Sie nennen oft genaue Zahlen, »in fünf Jahren wird die Steigerung 47 Prozent betragen«, »610.000 Arbeitsplätze fallen weg«, und treffen ähnliche Aussagen. Die genauen

Zahlen sollen Präzision, Sorgfalt und Wissenschaftlichkeit vortäuschen, doch blenden sie am Ende nur. Dass das so nicht funktioniert, hat sich immer wieder herausgestellt. Die Einführung des selbstfahrenden Autos wird seit 20 Jahren immer in zehn Jahren passieren. Bei der Einführung des ersten Smartphones galt es als Nischenprodukt mit geringen Absatzzahlen. Der Softwaregigant aus Seattle hat die Einführung des Internets fast verschlafen, weil er die zukünftigen Entwicklungen falsch eingeschätzt hatte. Das Fortschreiben der Vergangenheit, wie komplex auch immer darunterliegende Formeln sein mögen, funktioniert für Technologien bestenfalls für ein paar Monate oder Jahre im Voraus, nicht auf lange Sicht.

Dazu kommen unvorhersehbare Ereignisse. Der Statistiker Nassim Nicholas Taleb hat das Konzept des "schwarzen Schwans" eingeführt. Ein schwarzer Schwan ist ein Ereignis, das völlig überraschend auftritt, gewaltige Folgen hat und bei dem hinterher die allgemeine Meinung herrscht, dass das so hat kommen müssen und man es eigentlich schon immer gewusst hat. Ich habe in meinem Leben bis dato drei schwarze Schwäne erlebt.

Ich bin in Berlin drei Jahre nach dem Mauerbau geboren, im Westteil der Stadt. Die Berliner Mauer war für mich völlige Normalität, ich kannte es nicht anders. Als Kind war es für mich selbstverständlich, dass eine Stadt eine Mauer hat, dass man beim Verlassen der Stadt einen

Ausweis zeigen muss. Die Existenz der DDR, die Spaltung der Welt in Ost und West war zementiert. Wir waren uns absolut sicher, das ändert sich nie. Am 9. November 1989 kam der schwarze Schwan: Die Mauer fiel. Das hatte enorme Konsequenzen für die Welt, das Land und die Stadt Berlin. Politische Koordinaten verrutschten, neue Möglichkeiten entstanden, für jeden von uns änderte sich das Leben. Rückblickend hat es gar nicht anders kommen können. Die Wirtschaft des Ostblocks war am Ende, die Unzufriedenheit der Bevölkerung wuchs, die Eliten konnten ihre Machtapparate nicht stabil halten. Aus heutiger Sicht ist die einzige Überraschung, dass das Ganze unblutig ablief. Bei den beiden anderen schwarzen Schwänen, die ich erlebt habe, liefen die gleichen Mechanismen ab. Das waren die Angriffe auf das World Trade Center am 11. September 2001 und der Ausbruch der Coronapandemie im Frühjahr 2020. Ein Ereignis tritt überraschend ein, es hat erhebliche Folgen und hinterher wird klar, es kann nicht anders sein.

Trotz all der Fehler in Prognosen, trotz des Auftretens von schwarzen Schwänen mache ich jetzt ein paar Vorhersagen, wie sich Technologie in Zukunft entwickeln und in welche Richtung sich die Welt bewegen wird. Es wird anders kommen, als ich es hier darstelle, aber vieles wird eintreten. Ich freue mich darauf, in zehn Jahren diese Zeilen zu lesen und zu analysieren, wo ich recht hatte und wo nicht. Wir brauchen die Projektion in die Zukunft, um reagieren zu können, unsere Strategien für das eigene Handeln zu entwickeln, uns aufzustellen, Verantwortung zu übernehmen, um antworten zu können.

Trends und Megatrends: die Leitlinien

Digitalisierung ist eines der großen Metathemen unserer Zeit. Kein politisches Programm, keine Vision, keine Diskussion über die Zukunft von Mensch und Gesellschaft ohne die Digitalisierung. Es bleibt oft überraschend unklar, was damit genau gemeint ist. Von Glasfaser und schnellem Internet für alle über die schlanke Verwaltung bis hin zur Zukunft des Menschen als Cyborg, also einer Mischung aus biologischem Wesen und digitaler Technologie, werden diverse Themen, Ansichten, Ziele und Visionen unter Digitalisierung zusammengefasst.

Die analoge Welt ist unsere natürliche Welt. Unsere Sinne, unsere Informationsverarbeitung, unsere Emotionen sind analog. Wir leben in einer Welt aus analogen Dingen wie Tischen, Stühlen, Essen, Trinken und anderen Menschen. Darauf sind Wahrnehmung, Entscheiden und Handeln ausgerichtet.

Digitalisierung ist das Überführen analoger Dinge und Vorgänge, also von Objekten und Prozessen, in die Welt aus Bits und Bytes. Damit entziehen sie sich der direkten menschlichen Wahrnehmung. Einem Chip, der vor uns liegt, können wir nicht ansehen, was er tut und ob er überhaupt etwas tut. Einer Software können wir nicht beim Rechnen zusehen, einen Algorithmus nicht beim Arbeiten beobachten. Wir brauchen analoge Geräte wie Bildschirme, Lautsprecher, Tasten, Computermäuse und Touchscreens, um mit der digitalen Technologie zu kommunizieren, sie zu beeinflussen, Eingaben zu machen und um ihre Ergebnisse verstehen zu können.

Eine zunehmende Digitalisierung bedeutet, dass immer mehr Dinge, die früher analog durchgeführt wurden, in die digitale Welt wandern. Das Finden einer Route wandert von der Karte aus Papier, über die wir mit Augen und Finger streichen, in ein Navigationssystem. Das Schreiben mit Hand und Feder wird zur Erstellung einer digitalen Nachricht per Tastatur oder Spracheingabe. Ein Brief wird zur E-Mail, die an einem Computer verfasst und im Internet verschickt wird. Aus dem handgeschriebenen Notizzettel wird eine Erinnerungsnachricht im Smartphone. Der Fahrer im Auto wird durch elektronische Steuergeräte unterstützt und irgendwann ersetzt. Die Prozesse sollen damit schneller und zuverlässiger ablaufen.

 Es wird eine Ortsunabhängigkeit erreicht. In einer digitalisierten Welt kann man immer mehr Dinge vom Smartphone, dem Tablet oder dem heimischen PC aus erledigen, für die man früher an einem bestimmten Ort eine bestimmte Handlung ausführen musste. Durch die Verknüpfung von Objekten, Daten und Prozessen im digitalen Raum werden neue Dienstleistungen ermöglicht.

Direkt verbunden ist die Digitalisierung mit der Konnektivität, der Anbindung möglichst vieler Dinge an das Internet. Man spricht auch vom "Internet der Dinge". Alles, jedes Objekt in unserem Umfeld, hat in Zukunft elektronische Bauteile, die Daten aufnehmen, verarbeiten und teilen. Das hat geringen Wert. Erst durch die Verknüpfung der Daten von den verschiedensten Geräten, Systemen und Objekten kann Wert entstehen. Wenn diese Daten mit künstlicher Intelligenz hinterlegt, analysiert und aufgewertet werden, können neue Services mit einem wirklichen Mehrwert entstehen. Wie diese Services aussehen, was sie können und wo ihr Wert liegt, bleibt oft im Dunkeln und ist für uns heute nicht vorstellbar. Unabhängig davon, wie genau die Anwendungsfälle in Zukunft aussehen werden, ist es hochwahrscheinlich, dass Digitalisierung und Konnektivität zunehmen und wahrscheinlich schon in wenigen Jahren alle Objekte in unserem Umfeld an das Internet angeschlossen sein werden. Alles, was analog ist, alles, was den Menschen umgibt, alles, was digitalisierbar ist, wird digitalisiert werden. Wie die konkreten Services aussehen, was wir damit machen, welcher Wert entsteht, das bedarf der aktiven Gestaltung. Wir als Nutzer dürfen uns mit dem

Thema auseinandersetzen, wachsam sein, Konsequenzen ziehen, für uns selektieren, was Wert hat und was Schrott ist, und am Ende sollten wir dort den Stecker ziehen, wo es gruselig wird.

Ins Innerste: das Binnenverhältnis zwischen Mensch und Technik

Das Binnenverhältnis zwischen Mensch und Technologie wird sich wandeln. Die Art, wie wir als Menschen mit technischen Geräten kommunizieren, wird sich ändern. Die einfachste Kommunikation ist die zwischen zwei Menschen. Seit der Entwicklung von Sprache tauschen wir uns auf komplexe Art und Weise mit unseren Mitmenschen aus. Wir reden miteinander, wir interpretieren Gesten und Körperhaltungen, wir riechen das Gegenüber. Sprache besteht nicht nur aus Worten. Stimmfärbung, Betonung, Aussprache, kleinste Änderungen transportieren oft mehr Informationen als der reine Inhalt. Wir nehmen das Gegenüber holistisch wahr. Kommunikation läuft über alle Sinneskanäle. Das Vorbild der Mensch-zu-Mensch-Kommunikation wird die Mensch-zu-Technik-Interaktion in der Zukunft prägen.

In der Auseinandersetzung, ich nutze dieses Wort hier bewusst, mit früheren Spracherkennungssystemen musste man als Mensch ein bestimmtes Vokabular, eine festgelegte Grammatik und eine vorgegebene Reihenfolge einhalten. Der Mensch musste seine Sprache und am Ende auch sein Denken an die Grenzen der Maschine anpassen, sich nach den Möglichkeiten der Technologie richten. Moderne Spracherkennungssysteme erkennen freie Sprache, Sätze in falscher Grammatik sowie Dialekte und sie werden durch die Nutzung von künstlicher Intelligenz immer besser. Sie lernen, wie jeder von uns spricht, und stellen sich darauf ein.

Die nächsten Schritte sind die Erkennung von Gesten, Gesichtsausdrücken und Körperhaltungen. Damit können Ironie und Sarkasmus erkannt werden; für uns Menschen meistens kein Problem, für Maschinen schwierig bis unlösbar. Bis heute zumindest. Die klassische Mensch-Technik-Interaktion, also das Drücken von Knöpfen, die Nutzung von Reglern und Tasten, das Tippen, Swipen und Wischen auf Touchscreens, wird dieser Entwicklung hinterherhängen und veraltet wirken. Auch hier wird eine Natürlichkeit eintreten, die über das hinausgeht, was wir heute kennen. In der Vergangenheit war die Kontrolle einer Technologie an einen bestimmten Ort gebunden, an ein bestimmtes Bauteil. Wenn ich den Sender meines Autoradios wechseln wollte, gab es da genau einen Drehknopf an genau einem Ort, mit dem ich das tun konnte. Und ich konnte auch nichts anderes mit diesem Knopf tun, als den Sender zu wechseln. Die Senderfrequenz wurde mir auf einem mechanischen Display in der Nähe des Drehknopfes angezeigt. Und dort wurden nur die Senderfrequenz plus ein paar damit zusammenhängende Informationen angezeigt. Heute haben die meisten Fahrzeuge einen Touchscreen, mit dem ich Hunderte von Funktionen kontrollieren kann. Neben dem Radio sind dort Telefon, digitale Musikquellen, oft eine Navigation und vielleicht ein Internetzugang versammelt. Ich kann mir aussuchen, ob ich die Kartendarstellung der Navigation auf dem Tacho, dem zentralen Display in der Mitte oder auf dem Head-up-Display ansehen möchte. Ich kann ein Fahrziel per Touchscreen oder per Sprache eingeben. Ich kann die Lautstärke des Radios mit einem Drehknopf oder per Gestensteuerung regeln. Mit einem Ventil an der Heizung konnte ich die Temperatur in einem Raum verändern und ich habe in diesem Raum nach einer Weile die Veränderung spüren können. Die Heizung meiner Wohnung stelle ich in Zukunft mit einer Handy-App oder aus dem Auto ein, wo ich auch die aktuelle Temperatur ablesen kann.

    Eine Maschine in der Werkhalle habe ich an einer Steuerung direkt an der Maschine selbst eingestellt, gestartet und gestoppt. Moderne Werkhallen sind fast menschenleer, die Steuerung ganzer Maschinenparks findet heute in zentralen Leitwarten statt, die theoretisch auch am anderen Ende der Welt sein können. Wenn ich ein Auto fahren wollte, musste ich darin sitzen. In australischen Bergwerken werden heute schon die Lkws von Fahrern gesteuert, die viele Kilometer entfernt in einem Büro sitzen. Dort sind komplette Fahrzeugcockpits aufgebaut und per Funk mit dem Auto in der Mine verbunden.

Ein Arzt muss im OP anwesend sein, um einen Patienten oder eine Patientin zu operieren. Erste Versuche, Operationen über das Internet durchzuführen, sind erfolgreich verlaufen. Ein bestimmter Arzt, zum Beispiel ein Spezialist für Herzoperationen, steht plötzlich weltweit zur Verfügung, kann Menschen operieren, die sonst keinen Zugang zu seiner Dienstleistung hätten.

Ich nenne dieses Phänomen »Liquid HMIs«, also flüssige Mensch-Technik-Interaktion. Der Kontakt mit Technologie, die Steuerung einzelner Funktionen, die Information über Zustände werden immer ortsunabhängiger. Egal welches Gerät, welches System oder welche Technologie wir nutzen, der Zugang löst sich aus der Örtlichkeit. Die Kontrolle von Technologie wird flüssig. Damit verbunden wird Technologie selbst flüssig. Wir merken nicht, wo welche Rechenoperation ausgeführt wird, wo ein Klick auf einen Bildschirm einen Datenstrom in Gang setzt, woher die Information auf unserem Display stammt. Das wird gern unter dem Begriff »as a service« vermarktet. Eine Rechenleistung wird an einem Ort ausgelöst, an einem zweiten erbracht und an einem dritten dargestellt.

Wir und das Auto: Mobilität als menschliches Grundbedürfnis

Unsere Genetik ist immer noch die der Nomaden, die bis zur landwirtschaftlichen Revolution vor 12.000 Jahren durch Wälder, Steppen und Savannen gezogen sind. Über längere Zeiträume, unter Umständen über ganze Lebensspannen berechnet, bewegen sich die meisten Menschen zwei Stunden pro Tag. Da sind nicht nur die Zeiten gemeint, die wir laufen, sondern auch die Zeiten in Autos, Flugzeugen und Zügen. Diese zwei Stunden entsprechen dem, was ein Nomade vor mehr als 12.000 Jahren unterwegs sein musste, um die Kalorien zu sammeln, die er für das Überleben brauchte. Das zeigt, wie tief die Mobilität in uns verankert ist, wie sehr sie Teil von uns ist. In den Zeiten des Lockdowns, als die meisten von uns dazu verdammt waren, mehr Zeit als gewohnt zu Hause zu verbringen, als Reisen schwierig bis unmöglich waren, als in einigen Ländern selbst der Abendspaziergang verboten war, da haben viele gemerkt, wie essenziell, wie tief in uns verankert Mobilität ist.

Mobilität wird in der Zukunft nicht verschwinden. Die Frage ist, wie sieht sie aus? Wie bewegen wir uns? Wo? Mit welchen Hilfsmitteln? Es wäre sicher schön, wenn alle auf das Laufen zurückkommen würden, die natürlichste und gesündeste Art der Fortbewegung. Das ist illusorisch. Zu groß sind die Distanzen, die wir zurücklegen, zu übermächtig die Bequemlichkeit, zu verführerisch das Bewegtwerden gegenüber dem Bewegen. Was sich ändern wird, sind die Technologien für die Fortbewegungsmittel und das Mobilitätserleben.

Das Auto, wie wir es heute kennen, wird länger leben, als wir denken. Das wird einige erschrecken, andere erfreuen. Das Auto ist mit Werten wie Mobilität, Freiheit und Selbstbestimmung verknüpft. Wie sehr das der Realität entspricht, darf sich jeder fragen, wenn er das nächste Mal im Stau steht. Die persönliche Kapsel, die uns nicht nur transportiert, sondern vor den Gefahren unserer Umwelt schützt und unser Selbst nach außen trägt, hat einen viel zu hohen Stellenwert, um in absehbarer Zeit abgeschafft zu werden.

Was sich in Zukunft bei Autos ändern wird, sind der Antrieb, Nutzungsszenarien und die Art der Interaktion, die Menschen mit Fahrzeugen haben. Die Infrastruktur, die wir für das Auto vorhalten, also die Straßen, Parkflächen und Tankstellen, wird sich ändern. Städte wie London, Paris oder Mailand beginnen, den privaten Autoverkehr einzuschränken. Berlin hat die »Road Diet« vorangetrieben, die Umwandlung von Autofahrspuren zu Fahrradspuren. Lebensraum in Städten wird damit wieder Menschen zur Verfügung gestellt. Vor ein paar Wochen war ich in Berlin in der Nähe des Schlosses

Charlottenburg. Dort war eine üblicherweise dicht befahrene Straße wegen einer Brückenreparatur für Autos gesperrt. Als ich dort zu Fuß entlangging bin, wurde mir schlagartig klar, wie brutal, wie einnehmend und wie dominant Autoverkehr sein kann. Wenn die Füße nach vielen Laufkilometern schmerzen, bin ich froh über die Möglichkeit, mich fahren zu lassen. Autos sind mehr als reine Fortbewegungsmittel. Sie repräsentieren Macht und Kontrolle, sozialen Status und sexuelle Potenz. Sie sind eine Basis für das Ausleben des Jagdinstinkts und erlauben "Cocooning", das Abkapseln von der Welt um uns herum. Das Auto steht für Autonomie, für Kontrolle und Kompetenz. Viel davon wird bleiben, die Kernemotionen sind in unserer Genetik angelegt. Durch selbstfahrende Fahrzeuge und Carsharing, das Teilen von Autos, werden Menschen angesprochen, die heute mit dem Konzept Auto fremdeln. Die Träumer, Melancholiker und Denker, Alte und Behinderte werden sich in neuen Mobilitätsformen wohler fühlen als mit PS-starken Fahrzeugen.

Die Autoindustrie hantiert seit einigen Jahren mit dem C.A.S.E.-Paradigma. Die vier Buchstaben stehen für connected, automated, shared, electric (verbunden, automatisiert, geteilt, elektrisch). Das deckt die Trends in der Mobilität sehr gut ab. Ich nehme gern noch ein N dazu, was für »Neue Fahrzeugformen« steht. Als das Paradigma eingeführt wurde, waren die einzelnen Elemente gleichgewichtet. Alle vier hatten denselben vermuteten Einfluss und dieselbe Eintrittswahrscheinlichkeit. Über die Jahre haben sich da Verschiebungen ergeben. Die Einbindung des Autos in Datennetze ist weitgehend Realität. Erst haben Freisprecheinrichtungen das Auto als letzte Insel der Abgeschiedenheit in unserem Alltag zunichtegemacht. Als nächstes kamen Verkehrsdatenservices, heute ist das Auto ein rollender Knoten im Internet der Dinge. Es produziert Daten, verarbeitet und verteilt sie und es konsumiert Daten. In Zukunft werden Autos miteinander kommunizieren, mit zentralen Servern, mit unserem Zuhause, mit dem Hersteller und der Werkstatt. Das wird zu optimierten Wartungsintervallen führen, zu besser fließendem Verkehr, kürzeren Reisezeiten und geringeren ökologischen Fußabdrücken. Das autonome Fahren, also Fahrten ohne einen Eingriff durch einen Menschen, ist seit 20 Jahren immer nur noch wenige Jahre entfernt. Es gibt ein paar sehr eingeschränkte Anwendungen auf Messen oder Firmengeländen. Dort sind die Randbedingungen wie Wegstrecken, Fahrstrecken, mögliche Hindernisse und vor allem die Komplexität der Fahrsituationen überschaubar. Von der Idee, man steigt in Berlin in ein Auto, gibt das Fahrziel Barcelona ein und steigt nach 12 Stunden Fahrt dort aus, ohne ein einziges Mal mit dem Fahrzeug interagiert zu haben, ist das noch sehr weit entfernt. Anders sieht das bei der Unterstützung des Fahrers durch Assistenzsysteme aus. Ein deutscher Premiumhersteller hat gerade ein Assistenzsystem auf den Markt gebracht, das es ermöglicht, im Stau auf Autobahnen das Fahrzeug allein fahren zu lassen und sich aus der Kontrolle zurückzuziehen. Das wird der Weg in die Zukunft sein: Häppchenweise kommen Assistenzsysteme wie automatisches Parken, Abstands-, Spurhalte- oder Bremsassistent in die Fahrzeuge, die Fahrerin und Fahrer unterstützen. Wer völlig ohne eigene Beteiligung fahren will, braucht auf absehbare Zeit einen Chauffeur oder nimmt öffentliche Verkehrsmittel. Das Verhältnis zwischen Mensch und Fahrzeug ist bei Fahrzeugen ohne Automatisierung klar: Der Mensch steuert, das Fahrzeug reagiert. Das ist die Situation, die wir seit über 100 Jahren im Verkehr vorfinden. Bei voller Autonomie gibt der Mensch sein Fahrziel ein und das Auto fährt. Hier handelt die Technologie allein. Kritisch sind die Phasen dazwischen, in denen sich Mensch und Technik die Fahraufgabe teilen. Es muss geklärt werden, wie die Aufgabenteilung aussieht, wie sie kommuniziert wird und was passiert, wenn einer der beiden Partner seinen Job nicht erfüllt.

Autos stehen 95 Prozent ihrer Lebenszeit irgendwo herum. Ihre Aufgabe ist es, zu fahren, meistens tun sie das nicht. Die Idee, Fahrzeuge zu teilen, sie nur dann zu besitzen, wenn man sie auch braucht, liegt nahe. Es gibt keine Vision von der Stadt der Zukunft, kein zukünftiges Mobilitätskonzept, in dem einzelne Personen Autos besitzen. Die Alternative bis vor ein paar Jahren war der öffentliche Nahverkehr. Mit dem Carsharing wird der Versuch gestartet, das Beste beider Welten zu vereinen. Das eigene Auto ist eine Kapsel, eine Hülle, welche die Insassen vor der Unbill der Welt schützt. Vor Regen, Wind und unbekannten Mitmenschen. Man ist für sich und unter sich, privat, gleichzeitig sieht man die Welt. Im Auto sind die Insassen gleichzeitig in ihrer eigenen Welt und der Welt allgemein. Drinnen und draußen, anwesend und abwesend. Immer das Gefühl, unsichtbarer Teilnehmer am Geschehen zu sein. Autos sind flexibel, mein Auto steht an dem Ort, an dem ich es abgestellt habe. Es steht mir zur Verfügung, macht mir ständig das Angebot, es zu nutzen. Ist aber auch nicht beleidigt, wenn ich das lasse. Ich fahre damit von dem Ort, an dem ich bin, an nahezu jeden beliebigen anderen Ort. In Bussen und Bahnen ist man in der Öffentlichkeit, ungeschützt der Welt ausgesetzt. Wir sehen nicht nur, sondern werden auch gesehen, sind Wind, Wetter, Blicken ausgesetzt. Von Privatheit keine Spur. Busse und Bahnen haben Fahrpläne, die Zeit und Ziel der Fahrt festlegen. Um die kommt man nicht herum. Sie sind weniger flexibel. Öffentliche Verkehrsmittel sind immer im Einsatz, irgendwer fährt sie, irgendwer nutzt sie. Sie stehen nur kurze Zeit, nehmen im öffentlichen Raum weniger Platz ein. Die verschiedenen Modelle der geteilten Mobilität reichen vom Fahrdienstleister, der Gruppen transportiert, über taxiähnliche Dienste bis hin zu Carsharing, Scootersharing oder Bikesharing. Von Modellen mit festen Anmiet- und Abgabeorten bis zu flexiblen Diensten. Sie versuchen, die Privatheit und die Flexibilität des eigenen Autos mit der Ressourcenschonung des öffentlichen Nahverkehrs zu kombinieren. Das gelingt bis heute nur mäßig.

Viele Anbieter sind vom Markt verschwunden, fusioniert oder haben ihre Angebote eingeschränkt. Das liegt an der mangelnden Qualität der Angebote, der Einsatzbereich von Carsharing ist auf Innenstädte beschränkt, in ländlichen Gebieten, wo man eher mal ein Auto braucht, gibt es weniger oder keine Angebote. Die Preise sind teilweise recht hoch ebenso wie die Zugangsbeschränkungen. Die Coronapandemie hat sicher ihren Teil dazu beigetragen. Wenn ich in ein Sharing-Fahrzeug einsteige und da liegt Dreck auf der Fußmatte, frage ich mich ganz automatisch, wer hat vor mir in den Fahrersitz gepupst. Im Laufe der Pandemie haben die Menschen gelernt, wie sich Viren und Bakterien verbreiten, wie man sich ansteckt. Dieses Wissen hat vermutlich dazu beigetragen, dass man gern auf das Teilen von Gegenständen, inklusive der Fahrzeuge, verzichtet. Um das Teilen von Fahrzeugen zu ermöglichen, sind eine Reihe von Zusatztechnologien nötig. Ich brauche ein Portal oder eine App, auf der ich die Verfügbarkeit von Fahrzeugen prüfen und sie buchen kann. Ich brauche eine Fahrzeugortung, ein Bezahlsystem, die Möglichkeit, Zugang zum Fahrzeug zu erhalten. Das, was der Nutzer sieht und kontrolliert, wird über Apps auf dem Smartphone abgebildet.

Die Elektrifizierung der Fahrzeuge wird kommen, das ist sicher. Es ist politischer Wille, den Verbrennungsmotor in ein paar Jahren komplett zu ersetzen. Immer mehr Länder setzen feste Daten, ab denen keine Benzin- und Dieselfahrzeuge mehr zugelassen werden dürfen. Diese Daten liegen vielfach im Jahr 2030 oder 2035. Die meisten Fahrzeughersteller bringen vermehrt Fahrzeuge mit Elektromotor auf den Markt und setzen selbst Enddaten für die Verbrenner, die meist vor den von der Politik geforderten liegen. Ob die batterieelektrischen Fahrzeuge der Weisheit letzter Schluss sind, ist nicht klar. Die Idee, Öl zu verbrennen, um damit von A nach B zu kommen, ist definitiv tot. Die Herstellung von Batterien inklusive des Abbaus der benötigten Rohstoffe ist nichts, worauf die Menschheit stolz sein kann. Die Entsorgung der Batterien nach ein paar Jahren Nutzung ist auch ungeklärt. Eventuell handeln wir uns mit dem Giftcocktail, den wir da in Autos packen, das gleiche Problem ein wie mit Atommüll: Solange lange alles läuft, ist es sauber, am Ende hat man etwas übrig, vom dem niemand weiß, wie man es entsorgen soll. Das Verhältnis von Fahrer zu Fahrzeug wird sich durch die Elektrifizierung ändern. Wer genau hinschaut, wird feststellen, dass die Fahrer von Elektrofahrzeugen auf Autobahnen immer brav mit 120 km/h auf der rechten Spur fahren. Der von den Herstellern versprochene Fahrspaß kostet zu viel Strom, um damit auf der Langstrecke glücklich zu werden. Es ändert sich das Fahrverhalten genauso wie die Reiseplanung. Entgegen allen theoretischen Reichweiten muss man auf der Fahrt von Berlin nach Stuttgart mindestens einmal nachladen, was erstens eine freie Ladesäule und zweitens mehr Zeit als das Tanken von Benzin erfordert. Das wird sich ändern, aber auf absehbare Zeit werden wir Werkzeuge brauchen, um Routen und Ladestopps zu planen sowie Ladesäulen zu reservieren, damit wir die Wartezeit besser nutzen können.

Wir werden immer mobil bleiben. Wie genau das langfristig realisiert wird, lässt sich nur schemenhaft erkennen. Dass in den nächsten Jahren erhebliche Änderungen kommen, ist sicher. Das Verhältnis von Mensch zu Fahrzeug bzw. zu Mobilitätstechnologie wird ein anderes. Ein Blick auf unsere Straßen, in unsere Innenstädte zeigt, dass es Zeit dafür ist.

Über Quanten, Satelliten und Smartness: kluge und dumme Technologie

Weitere Technologien, die unser Leben direkt oder indirekt beeinflussen werden, sind die schon diskutierte künstliche Intelligenz, Quantencomputing, Roboter und Internet über Satelliten. Vom Quantencomputing werden Normalbürger nur eingeschränkt und indirekt etwas mitbekommen. Davon profitieren Wissenschaft und Ingenieurwesen, Finanzdienstleister und alle anderen, die große Datenmengen auf komplexe Art und Weise verarbeiten wollen. Klassische Felder sind die Simulation und Optimierung von physikalischen, ökonomischen oder mathematischen Vorgängen.

Satelliten werden das Internet in die letzten Winkel der Welt bringen, dorthin, wo heute keine Kabel liegen und die Menschen daher vom Netz der Netze ausgeschlossen sind. Das wird das Leben vieler verändern und oft verbessern. Kommunikation erleichtert den Alltag, Information das Leben. Die Spaltung der globalen Gesellschaft in die mit Internet, also mit Zugang zu Informationen, Service, Bildung sowie Austausch, und die ohne wird sich dadurch abschwächen und langfristig aufheben.

Roboter sind in der Arbeitswelt angekommen. Sie montieren, produzieren und kontrollieren. Vollautomatische Fertigungsstraßen und menschenleere Werkhallen sind Realität. Der nächste Schritt sind Roboter in unserem Privatleben. Garten-, Putz- und Saugroboter sind fast schon Standard. Haustierroboter, künstliche Greifarme und Roboter als Spielgefährten sind der nächste Schritt. Roboter in der Pflege und zur Unterstützung in Krankenhäusern und Heimen kommen und sind angesichts des Pflegebedarfs mehr als wichtig. Robotische Sexpuppen werden in Kleinserien hergestellt und an die persönlichen Vorlieben der Nutzer angepasst. Über 30 Prozent der Deutschen können sich vorstellen, bei Einsamkeit Roboter als Ersatz für soziale Kontakte zu nutzen.

Eine Reihe von gehypten Start-ups plant und baut elektrische Flugtaxis. Das Konzept klingt überzeugend: Drohnen, die heute bis zu einem Meter Durchmesser haben, werden so stark vergrößert, dass sie statt Kameras und Gütern Kabinen mit Menschen tragen. Elektrisch betrieben, scheinen sie leise und umweltfreundlich. Sie können senkrecht starten und landen, brauchen also keine Flughäfen.

Ich sehe das Thema skeptisch. Die Propeller werden erhebliche Geräusche machen, leise sind Flugtaxis also nicht. Es muss, um die Masse abzuheben, eine Menge Luft bewegt werden, was Start und Landung zur Belastung für alle macht, die in der Nähe sind. Die Umweltfreundlichkeit steht und fällt, wie bei Elektroautos, mit der Art der Stromerzeugung. Für mich ist das wahrscheinlichste Szenario, dass die Reichen und Schönen mit den

Flugtaxis vom Flughafen in die Innenstadt fliegen und dort auf den Dächern von Hochhäusern landen, während Otto Normalverbraucher in den Straßenschluchten im Stau steht. Ich sehe den Massenmarkt nicht. Und wenn er doch da ist, haben wir bald keine zweidimensionalen Staus mehr, sondern dreidimensionale. Überzeugt mich vom Gegenteil!

Sprache ist die natürliche Interaktion zwischen Menschen. Gesprochene Sprache ist seit der kognitiven Revolution zentraler Bestandteil des Menschseins. Wir reden miteinander, wir tauschen uns aus. Reden dient dem Gewinnen und Verteilen von Information, bildet Vertrauen, schafft Intimität oder Distanz. Zwischen zwei Menschen ist Sprache die effektivste, emotionalste und direkteste Art der Kommunikation. Die Idee, das auf die Kommunikation zwischen Mensch und Maschine anzuwenden, gibt es seit einigen Jahrzehnten. Im Jahr 1952 wurde eine Technologie vorgestellt, welche die Zahlen 0 bis 9 erkannte. Im Jahr 1962 konnte der Nachfolger 16 verschiedene Worte erkennen. Es dauerte 20 weitere Jahre, bis die ersten Spracherkennungen entwickelt wurden, die ungefähr dem entsprechen, was wir heute kennen. Die letzten Entwicklungen kombinieren das Wissen des Internets, die Fähigkeiten der künstlichen Intelligenz und hochentwickelte Algorithmen, um eine natürlich anmutende Sprachinteraktion zu erlauben. Frühere Spracherkenner verlangten eine bestimmte Grammatik, hatten ein begrenztes Vokabular und reagierten verschnupft auf Nuscheln oder Dialekte. In meinem Dienstwagen Anfang der Nullerjahre war eine solche Technologie verbaut. Bei der Eingabe eines Fahrziels musste ich mich von Land zu Stadt zu Straße zu Hausnummer durchhangeln. Die Fehlerrate lag bei mehr als 50 Prozent, die Hälfte meiner Eingaben wurde nicht oder falsch verstanden. Am Ende habe ich meine Fahrziele wieder mechanisch per Drehknopf eingegeben.

Moderne Sprachtechnologien kennen diese Probleme nicht. Ich kann natürlich sprechen, kann meine Worte, meine Grammatik, meinen Akzent nutzen. Durch die Verknüpfung mit künstlicher Intelligenz lernt das System, passt sich im Laufe der Zeit immer besser an mich an. Aus »Deutschland – Berlin – Kantstraße – 34« wurde »Hey Auto, fahr mich zu meiner Lieblings-Sushibar«. Smart-Smarthome-Technologien funktionieren ganz ähnlich. Ich sage: »Hey System, wie ist das Wetter in Barcelona?« Kurze Anmerkung: Das Beispiel mit dem Wetter in Barcelona wird oft bei Technologiepräsentationen verwendet. Das funktioniert immer sehr gut. Auf die Frage »Hey System, was sind die grundlegenden philosophischen und praktischen Unterschiede zwischen Hinduismus und Buddhismus?« kommen eher weniger nützliche Antworten.

Die Vorteile der freien Spracherkennung sind offensichtlich: Die Kommunikation ist schnell, einfach und natürlich. Sie ist örtlich flexibel, ich kann zum Beispiel vom Sofa aus das Licht an- und ausschalten oder Kaffee bestellen. Im Auto kann ich die Hände am Steuer lassen und die Augen auf der Straße. Die mentale Ablenkung ist bei natürlicher Spracheingabe auch eher gering.

Das große Problem bei den neuen Formen der Spracherkennung ist eines der typischen Probleme von Big Tech, von den Daten- und Aufmerksamkeitskraken: Die Spracherkenner sind, damit sie bemerken, wann ich sie anspreche, immer aktiv. Sie hören uns immer zu. Sie bekommen jedes in ihrer Umgebung gesprochene Wort mit. Sie sind genau die Wanzen, die wir nicht in der Wohnung oder im Auto haben wollen.

Den Beteuerungen von Big Tech, die aufgenommenen Daten werden nicht gespeichert und ausgewertet, kann jeder glauben oder auch nicht. Es wird von den Firmen immer nur das zugegeben, was ohnehin klar ist. Der Rest wird systematisch dementiert. Und durch einzelne Leaks wissen wir, es werden Analysen des Gesprochenen vorgenommen. Ob zur Optimierung der Technologie oder für weitergehende Zwecke –, die Grundlagen für eine Komplettüberwachung sind gelegt. Technologien zur Spracherkennung verbreiten sich immer mehr. Sie werden unabhängig von einzelnen Geräten. Autohersteller arbeiten daran, dass die zu Hause bekannte und trainierte Spracherkennung auch im Auto funktioniert. Die Integration in Smartphones und damit die komplette Ortsunabhängigkeit sind Realität. Die Zukunft wird uns durch die flexible Sprachkommunikation enorme Erleichterungen bringen. Die Privatsphäre wird erheblich leiden, noch mehr, als sie es heute schon tut.

Wie wird es mit dem digitalen Schweizer Messer unseres Lebens, dem Smartphone, weitergehen? Mitte der 1980er-Jahre kamen die ersten Mobiltelefone auf den Markt, die dem entsprachen, was von einem Telefon allgemein erwartet wird. Die Geräte hatten den Preis eines Kleinwagens und waren einer kleinen Nutzergruppe vorbehalten. Zehn Jahre später waren Handys ein teures Spielzeug für Manager, mit denen man telefonieren und SMS verschicken konnte. Ich habe mein erstes im Jahr 1998 gekauft und war damit in meinem Umfeld ein Exot. Obwohl gerade meine damalige Frau schnell feststellte, dass es wirklich bequem ist, mich ständig und überall erreichen zu können. Das erste Smartphone, wie wir es heute kennen, eine Sammlung unterschiedlicher und erweiterbarer Funktionen gesteuert mit einem Touchscreen, kam 2007 mit dem ersten iPhone auf den Markt. Damit wurde eine Revolution angestoßen, die den Alltag der meisten Menschen erheblich verändert hat. Es stellt sich die Frage, wie es weitergeht. In den letzten Jahren sind im Smartphone-Bereich kaum noch echte Innovationen dazugekommen. Die Geräte bekommen von Jahr zu Jahr bessere Displays, höher auflösende Kameras und etwas mehr Speicherplatz. Wessen Leben wird davon wirklich besser? Smartphones werden das zentrale Element aller unserer Aktivitäten, das universelle Kommunikations- und Interaktionsgerät bleiben. Sie werden größer und kleiner, mechanisch und elektronisch flexibler werden. Es wird nach den faltbaren Exemplaren Displays geben, die sich rollen lassen. Neue Standards in der Kommunikation werden den Datentransfer schneller und sicherer machen. Smartwatches, digitale Armbanduhren, die mit dem Smartphone verbunden sind, haben sich noch nicht wirklich durchsetzen können. Sie sind ein zweites, drittes oder viertes Display, auf dem uns eingehende Nachrichten angezeigt werden, Anrufe und die letzten News. Es fehlen die Use Cases, also die Anwendungsfälle. Am Ende auch hier wieder die Frage: Wem nützt es wirklich? Smart Glasses, mit dem Smartphone verbundene Brillen mit integrierter Kamera, die Informationen ins Auge projizieren oder vor dem Auge darstellen, sind über das Versuchsstadium nicht hinausgekommen. Sie haben bei denen, die sie nicht tragen, das ungute Gefühl ausgelöst, ständig beobachtet zu werden. Es kam keine Massenfertigung in Gang. Für Smart Glasses gibt es eher professionelle Anwendungen wie die digitale Unterstützung bei Reparaturen von Autos und Maschinen, bei Operationen, bei der Navigation in unbekannten Räumen oder in Form von Zusatzinformationen für Autofahrer. Der nächste Schritt ist das Tragen von Technologie auf der Haut. Eine weitere Quelle, unseren Fokus zu verlieren, das, was wir wirklich tun wollen, zu unterbrechen und uns der Störung hinzugeben. Die Zahl der verkauften Smartwatches ist kleiner als gedacht. Haben zu viele Menschen realisiert, dass die Anwendungen doch nicht so revolutionär sind, wie es die Hersteller gern hätten?

Technologie wird von der Körperoberfläche in den Körper wandern. Herzschrittmacher waren der erste Schritt in diese Richtung. Bauchspeicheldrüse, Nieren oder Leber könnten langfristig durch künstliche Organe ersetzt oder unterstützt werden. Es gibt Chips, die unter die Haut gespritzt werden. Damit können Ausweispapiere ersetzt, Türen geöffnet und Autos gestartet werden. In einer weiteren Stufe träumt man von Nanobots, Minirobotern, die in die Blutbahn gespritzt werden. Diese sollen Medikamente an genau den Ort transportieren, an dem sie gebraucht werden. Sie sollen Reparaturarbeiten an angegriffenen Organen und Knochen durchführen. Sie sollen unsere körperliche Leistungsfähigkeit verbessern.

Hier sind überall sinnvolle Anwendungen erkennbar. Daraus kann man etwas Vernünftiges machen. Die Grenze zum Gruseligen ist sichtbar. Jede und jeder hat ihre und seine eigene rote Linie. Viele werden sich mit Begeisterung und frei von Bedenken jede Innovation in den Körper implantieren. Andere werden skeptischer sein, Bedenken haben und zögern. Aufhalten wird diesen Trend niemand. Brain-Computer-Interfaces, die Kontrolle von Technologie direkt ohne physikalische Schnittstelle, sind im Forschungsstadium. Der Gedanke verführt: Ohne irgendwelche Tasten, Schalter, Bildschirme, Menüs und Interaktionsprozesse steuere ich Technologie. Die direkte Umwandlung von Gedanken und gedachten Ideen in digitale Daten ist attraktiv. Die Kommunikation mit anderen Menschen direkt von Kopf zu Kopf, von Gehirn zu Gehirn, von Gedanke zu Gedanke wird unser Leben erheblich vereinfachen. Irgendwie ist es auch gruselig. Das Offenlegen intimster Details, privatester Gedanken, freiwillig oder unfreiwillig, wird uns die personelle Selbstständigkeit kosten. Was in eine Richtung funktioniert, geht auch in die andere. Die Beeinflussung unserer Gedanken und unseres Selbst durch externe Instanzen ist der Plot für dystopische Filme und Bücher.

Der tanzende Bär: Wir haben ihn alle schon gesehen!

Am Ende bleibt die Sinnfrage. Wir investieren Zeit, Geld, Gedanken, Material und Umweltschäden in ein Gerät mit zweifelhafter Wirkung. Technologien werden erdacht, entwickelt und getestet. Sie werden produziert. Dafür werden Rohstoffe unter teilweise katastrophalen Bedingungen gewonnen. Coltan wird von Menschen, meistens Kindern, die wie Sklaven leben, im Kongo gefördert. Der Abbau von Lithium verwüstet in Südamerika ganze Landstriche und bedroht die Existenz indigener Völker. Nickelabbau führt zu knallroten Flüssen auf den Philippinen. Die Förderung von Erdöl für Plastik und Transport zerstört Meere und Wüsten.

Technologien verändern uns, verändern die Gesellschaft, verändern die Welt, in der wir leben. Zum Schlechten und zum Guten. Technologie erlaubt Kommunikation, Unterhaltung, schafft Sicherheit, Fokus, Effizienz. Sie kann diese Welt zu einem besseren Ort machen. Zentral ist die Frage, wo Nutzen ist und wo Marketing, wie wir die Balance finden zwischen Kosten und Wert.

Wenn ich mir anschaue, was Big Tech, Autohersteller, Handyproduzenten, Elektronikriesen, die Entwickler von Businesssoftware an Technologie anbieten und auf den Markt bringen, da denke ich mir oft, dass es sich dabei um »Dancing Bearware« handelt. Nicht Hardware, nicht Software, sondern Dancing Bearware.

Bis weit ins 19. Jahrhundert hinein war es üblich, dass auf Wochenmärkten oder Jahrmärkten Menschen auftauchten, die an einer Kette einen Bären führten. Unterm Arm hatten sie eine Fiedel, eine Flöte oder ein Akkordeon. Sie stellten sich auf den Marktplatz und kündigten an: »Liebe Leute, ihr werdet heute einen tanzenden Bären sehen!« Mit ein paar großspurigen Ankündigungen wurden das Publikum aufgewärmt und die Erwartungen gesetzt. Heute würde man sagen, die Zuschauer wurden geprimt oder geframt. Danach begann der Bärenführer, auf seinem Instrument zu spielen. Der Bär war gut dressiert. Wenn die Musik erklang, begann er, aufrecht von einer Pfote auf die andere zu schwanken. Dazu kam, dass er meistens einen Nasenring trug, was ihm unendliche Schmerzen bereitete. Die Zuschauer waren begeistert, sie glaubten dem Bärenführer, einen tanzenden Bären gesehen zu haben. Sie hatten aber keinen tanzenden Bären gesehen. Der Bär schwankte, weil er gut dressiert war und Schmerzen fürchtete, ein bisschen von einem Fuß auf den anderen. Das war kein Tanz und gut sah es auch nicht aus. Genauso komme ich mir bei neuen Technologien gern mal vor, genauso fühle ich mich bei den Marketingaktionen der Technologiekonzerne. Welchen Unterschied macht es, wenn dein neues Auto 210 PS statt 180 PS hat? Um wie viel besser wird dein Leben, wenn das neue Smartphone-Display ein paar mehr Pixel Auflösung hat? Wird die Welt zu einem besseren Ort, weil ein neues Softwarepaket zu den bereits existierenden 10.000 Features noch mal 30 dazubekommt, die niemand braucht? Wird mein Leben durch eine Technologie einfacher, fokussierter und effizienter? Oder wird es komplizierter? Wird mein Auto durch eine weitere Funktion sicherer oder lenkt sie ab? Sehe ich den Unterschied zwischen meinem heutigen

Smartphone-Display und dem neuen? Oder macht meine Altersweitsichtigkeit jedes neue Gerät überflüssig?

Werden von den großen Playern technologische Innovationen präsentiert, sind die Hülle und das Format wichtiger als der Nutzen der neuen Geräte und Funktionen. Das gilt für Big Tech aus dem Silicon Valley und ganz besonders für die deutschen Fahrzeughersteller und die Elektronikriesen aus China. Die CEOs einiger der Firmen werden wie Halbgötter verehrt. Ihr Wort ist, unabhängig von dem, was sie sagen, Religionsersatz. Die Reden werden Wort für Wort, Aussage für Aussage, Folie für Folie akribisch vorbereitet, geprobt und auf ihre Wirkung hin optimiert. Und Wirkung heißt hier nicht, es werden Produktinformationen gegeben, die eine bewusste Entscheidung über einen Kauf erlauben. Wirkung heißt hier, es werden Emotionen übertragen, die blinden Kaufgehorsam erzeugen. Ein paar Beispiele für Produkte, die ich besonders abstrus finde, bei denen sich mir der Sinn so gar nicht eröffnen will: Es gibt einen Fingerring, mit dem man sein Smartphone, Smarthome-Geräte, Stereoanlagen und einiges mehr steuern kann. Das Versprechen des Herstellers: ein super einfaches Interface, eine völlig neue Nutzererfahrung. Der Ring wird über die drahtlose Bluetooth-Schnittstelle mit dem zu kontrollierenden Gerät verbunden, es wird festgelegt, welche Funktion man mit welcher Geste oder Aktion auslösen kann und schon geht's los. Hört sich gut an, oder?

Der Ring ist riesig und sollte am Zeigefinger der dominanten Hand getragen werden. Er stört, ganz besonders, wenn man jemandem die Hand schüttelt. Auch andere Alltagsaktivitäten werden behindert. Apps auf dem Smartphone können nur gesteuert werden, wenn sie aktiv sind. Das Szenario ist also: Handy raus, Bildschirm entsperren, App aktvieren, Geste machen. Das macht mein Leben nicht einfacher. Und zu guter Letzt: Es werden maximal zehn Prozent aller Gesten erkannt. In 90 Prozent aller Fälle fuchtele ich also wild mit der Hand durch die Gegend. Wenn ich Pech habe, nimmt das jemand ernst und ich werde abgeführt. Eine smarte Haarbürste analysiert während des Bürstens Haare, Kopfhaut und den Bürstvorgang selbst. Daraufhin werden Tipps für die Pflege der Haare gegeben, Produkte empfohlen und Vorschläge für die Optimierung des Bürstens. Es gibt Smartwatches, die nur mit wenigen Smartphones kommunizieren können. Wenn ich ein neues Handy kaufe, brauche ich eine neue Smartwatch. Ein Sofakissen hat eine integrierte Fernbedienung. Statt mich mit der Fernbedienung des Fernsehers auseinanderzusetzen, kann ich mittels eines Knopfes, der im Kissen integriert ist, lässig einen neuen Sender einstellen. Ein smarter Spiegel unterstützt mich beim morgendlichen Anziehen, strahlungsabweisende Unterwäsche schützt meine wertvollsten Körperteile, ein smarter Toaster lässt sich vom Smartphone steuern, Badelatschen mit Metalldetektor erlauben das Suchen nach Schätzen am Strand, während man vom Meer zur Liege läuft. Mein Lieblingsbeispiel für überflüssige Technologie: ein rollender Roboter, der einem eine Rolle Toilettenpapier bringt, wenn es auf dem stillen Örtchen mal alle sein sollte. Das Szenario ist das folgende: Ich stelle fest, dass das Papier alle ist. Mit dem Smartphone aktiviere ich den rollenden Roboter, der irgendwo in der Wohnung oder im Haus steht. Per Fernsteuerung hole ich das Gerät zu mir. Voraussetzungen dafür: Ich muss irgendwann den Roboter mit Klopapier bestückt haben. Ich muss mein Smartphone bei der Sitzung dabeihaben. Ich muss eine Bluetooth-Verbindung haben. Alle Türen zwischen dem Standort des Roboters und mir müssen auf sein. Ich finde es deutlich einfacher, eine Ersatzrolle in Griffweite der Toilette zu positionieren.

Es wird gut:
Lasst uns das Leben lieben

Bei allem, was ich hier kritisiere, bei allem, was schiefläuft: Wir leben heute das beste Leben in der menschlichen Geschichte. Wir leben länger, gesünder, freier als alle unsere Vorfahren. Ich glaube an eine gute Zukunft, nicht nur an das Überleben der Menschheit, sondern an ein besseres Leben für alle. Technologie hat einen großen Anteil daran. Wir leben länger als jemals zuvor. In der Steinzeit war man mit 23 Jahren ein alter Mensch, im Mittelalter mit 35, heute sind wir mit 65 noch jung. Die globale durchschnittliche Lebenserwartung für heute Geborene liegt bei 70 Jahren, ein großer Teil der heutigen jungen Menschen wird die 100 bei vollem Bewusstsein und weitgehender körperlicher Gesundheit erreichen. Die Babyboomer in der westlichen Welt und in großen Teilen Asiens sind die jüngsten Alten, die es je gegeben hat. Keine Kriege, keine Hungersnöte, keine Flucht. Die dazu passenden Trends sind "Downaging" und "Liquid Youth", das gefühlte Jungsein und die Übernahme von jugendlichen Moden und Trends durch Ältere. Es geht um das Gefühl, jünger zu sein, als man ist, die Übernahme von Einstellungen, Lebensweisen, Kleidungsstil und Technologienutzung von Jungen, mit dem Ziel, sich selbst jung zu fühlen. Auf der anderen Seite wird vielen immer bewusster, dass das Leben kurz ist, dass Geschwindigkeit kein Benefit ist, sondern dass Langsamkeit und Achtsamkeit echte Werte sind. Die Weltbevölkerung wird noch ein wenig weiterwachsen, nicht aufgrund einer hohen Geburtenrate, die liegt im weltweiten Durchschnitt bei 2,5 Kindern pro Frau, sondern weil die mittlere Lebenserwartung auf 75 Jahre steigen wird. Wir haben weniger Säuglingssterblichkeit. Ein Hauptgrund dafür sind Fortschritte in der Medizin.

Medizinischer Fortschritt basiert zu einem deutlichen Teil auf technologischem Fortschritt. Röntgen, Ultraschall und Magnetresonanztomografen erhöhen Genauigkeit und Geschwindigkeit von Diagnosen. Medizingeräte wie Beatmungsgeräte, Infusionspumpen und künstliche Nieren erhalten Leben und stellen Gesundheit wieder her. Die schnelle Entwicklung eines Impfstoffes gegen das Coronavirus war nur möglich, weil hochtechnisierte Labore zur Verfügung standen und weil Wissenschaftler weltweit über das Internet Informationen austauschen konnten. Technologiegestützte Logistik führt dazu, dass heute über 80 Prozent aller Kinder weltweit geimpft sind. Technologie hat die Landwirtschaft revolutioniert. Das Bild vom romantischen Bergbauern stimmt nur noch sehr eingeschränkt. Bauernhöfe sind heute hochtechnisierte Produktionsbetriebe. Die Traktoren sind nur der sichtbarste Teil. Sie realisieren heute schon das autonome Fahren. Erntemaschinen und Hänger zum Abtransport des Ernteguts fahren voll automatisiert und synchron über Äcker. Sensoren auf den Feldern messen Wasserbedarf und erlauben die Optimierung der Düngung. Damit wird die ständige Verfügbarkeit von Lebensmitteln sichergestellt. Das gilt inzwischen nahezu weltweit, die UNO will bis 2030 den Hunger abschaffen. Wenn Menschen heute hungern, und es gibt viel zu viele davon, liegt das in den meisten Fällen an kriegerischen Konflikten und nicht am Mangel von Lebensmitteln. Hunger ist eine Waffe und damit gewollt.

Die Anzahl der in Deutschland mit dem Auto gefahrenen Kilometer steigt jedes Jahr, die Zahl der Verkehrstoten sinkt. Der Höchstwert war 1970 mit 21.000 Toten erreicht, 2020 war er mit 2.700 nur noch gut zehn Prozent davon. Die Gesamtfahrleistung stieg im gleichen Zeitraum von 250 Milliarden Kilometer auf knapp 800 Milliarden Kilometer. Technologien wie ABS, Airbags und Fahrerassistenzsysteme haben einen erheblichen Anteil daran. Wobei es hier noch Handlungsbedarf gibt. Die Zahl der Menschen, die weltweit jedes Jahr im Straßenverkehr sterben, ist doppelt so hoch wie die, die durch Krieg, Terrorismus und Kriminalität zusammengenommen sterben. Kurze Anmerkung: Als ich begann, dieses Buch zu schreiben, begann auch der Krieg in der Ukraine. So fürchterlich er ist und wie auch immer er ausgeht, an der grundlegenden Aussage wird er (hoffentlich) nichts ändern. Die Zahl der Menschen, die weltweit in absoluter Armut leben, ist in den letzten 20 Jahren deutlich mehr als halbiert worden, auch der Hunger ist deutlich zurückgegangen. Das Internet und Mobiltelefonie hat für viele das Leben erleichtert. Die Todesfälle durch Naturkatastrophen haben sich in den vergangenen 100 Jahren halbiert. Sensoren können Erdbeben, Tsunamis und Vulkanausbrüche nicht perfekt, aber immer besser vorhersagen. Durch Internet und Mobiltelefonie ist im Katastrophenfall eine schnelle Kommunikation möglich. Hilfe kann gezielt organisiert werden. Mit Autos, Flugzeugen und Drohnen kommen

Hilfsgüter und Helfer schneller bei den Betroffenen an. Technologie hat unser Leben zu einem besseren und sichereren gemacht. Wir sind lange nicht da, wo wir als Menschheit sein könnten und als Menschen sein sollten. Technologie hat uns in eine Situation gebracht, die besser ist als vor 50 Jahren, 100 Jahren und vor 1.000 Jahren. Das dürfen wir feiern und uns danach daranmachen, auf diesem Weg weiterzugehen.

Kein einfaches Versprechen: die janusköpfige Technologie

Warum dieses Buch, wenn alles so gut ist? Warum die Wut, die oft durchschimmert, wenn die Menschheit auf einem guten Weg ist? Es geht um die Janusköpfigkeit von Technologie.

Um es noch mal auf den Punkt zu bringen: Wir können mit dem Smartphone auf sozialen Medien Hass und Missgunst verbreiten. Oder damit Spenden für eine Hilfsorganisation sammeln. Wir können uns am Handy in eine digitale Blase zurückziehen und für unsere Umwelt unerreichbar werden. Oder wir kommunizieren mit denen, die wir lieben und bei denen wir im Moment nicht sein können. Wir können mit dem Auto im Stau stehen und damit Teil eines Problems sein oder glückliche Momente von Mobilität, Freiheit und Intimität erleben. Wir können das Internet nutzen, um die Langeweile zu bekämpfen, die erst durch die Nutzung von Technologie entsteht, oder wir können uns bilden, Informationen sammeln und mit unseren Lieben über große Distanzen kommunizieren.

Technologie hat uns immer ein besseres Leben versprochen, gebracht hat sie uns ein weniger echtes. Die Einsamkeit, die Technologie in uns erzeugt, bekämpfen wir mit mehr Technologie. Die Ursache der Krankheit wird zum Heilmittel erhoben. Wir erhoffen uns Linderung der Not durch Technologie und setzen uns Stress bis zum Burn-out aus.

Im Kern geht es mir um Zeit. Wir haben heute mehr Zeit im Leben als zu jedem anderen Zeitpunkt der Menschheitsgeschichte. Wir leben länger, wir brauchen weniger Zeit als je zuvor in der Geschichte der Menschheit, um die Kalorien zu sammeln, die wir zum Überleben benötigen. Oder um das Geld zu verdienen, um sie zu kaufen.

Wir haben mehr freie Zeit als unsere Eltern und Großeltern und lassen uns durch das Leben hetzen. Wir wissen und erfahren mehr aus allen Ecken der Welt, aus allen Nischen unserer Nachbarschaft und setzen uns damit unter Druck. Wir nutzen die Zeit, die wir haben, weniger als je zuvor. Wir daddeln stundenlang auf dem Handy, sitzen vor dem Fernseher oder dem Einstellungsmenü einer Küchenmaschine. Statt Zeit mit Menschen zu verbringen, die wir lieben, stehen wir mit dem Auto im Stau.

Du kannst im Leben alles verlieren, Geld, Haus, Hof, Familie, Ehe, Glaube, Liebe, Hoffnung. Du kannst alles wiederbekommen. Das Einzige, was unwiederbringlich geht und nie wiederkommt, ist Zeit. Zeit vergeht, und jeder Tag, jede Stunde, jede Minute, die vergeht, ist Vergangenheit.

JETZT WIRD ES KONKRET: WAS DU TUN KANNST

»Eine Unze Vorsorge ist besser
als ein Pfund Heilung.«

Benjamin Franklin

Meine Motivation: Zeit

Ich sitze auf meiner Lieblingsinsel in meinem Lieblingsort in meiner Lieblingsbar. Seit 2005 habe ich Mallorca für mich entdeckt. Nach ein paar Besuchen war mir klar, dass diese Insel mein zweites Zuhause werden wird. Gerade Port d'Andratx hat es mir angetan, ein Dorf im Südwesten der Insel. Ein großer Yachthafen mit unzähligen weißen Luxusyachten und ein paar Fischerbooten, die jeden Abend um 17 Uhr hereinkommen und frischen Fisch liefern. Der liegt eine gute Stunde später in der Fischhalle zum Verkauf. Dazu jede Menge Edelrestaurants, ein paar rustikale Kneipen, weniger Touristen als sonst auf Mallorca, viele Residenten und Einheimische. Als leicht elitär und sehr entspannt ist Port d'Andratx einmal bezeichnet worden. Man kann es kaum besser auf den Punkt bringen. Tim's Bar vorne an der Straße am Hafen ist der beste Platz, um Sonnenuntergänge zu sehen, die kitschig schön und schön kitschig sind.

Ich sitze also bei Tim's, ganz vorne auf der Terrasse, dort, wo die Wellen an die Hafenmauer klatschen. Es ist ein perfekter Tag Ende Mai, früher Nachmittag. Wir haben 27 Grad, die Sonne scheint. Drüben im Club de Vela schaukeln die weißen Yachten auf dem Wasser. Der ikonische Leuchtturm an der Hafenausfahrt zeichnet sich vor einem wolkenlosen und stahlblauen Himmel ab. Ein Wind, der nach Meer und Ferne riecht, weht mir ins

Gesicht. Kinder und Hunde tollen um mich herum. Links von mir sprechen sie Spanisch, rechts Englisch, hinter mir Deutsch. Vor mir stehen ein Bier und ein Pa amb Oli, das ist ein geröstetes Brot mit Tomaten, Käse und Schinken. Das ist das Paradies, oder? Es könnte kaum schöner sein. Der Traum aller vom schlechten Wetter Geplagten, der Menschen, die nördlich der Alpen kühle Sommer und noch kühlere Winter erleben. Wer genau hinschaut, sieht, dass in dem Bier keine Blasen aufsteigen. Da ist kein Schaum drauf. Das ist schal. Beim Pa amb Oli ist der Käse vertrocknet, die Ränder wellen sich braun nach oben. Es ist der schlimmste Tag in meinem Leben.

Am Morgen hatte das Telefon geklingelt. Das Krankenhaus war dran: »Herr Doktor Rössger, es tut uns sehr leid, Ihnen das mitteilen zu müssen. Ihre Frau ist letzte Nacht verstorben«. Mein Soulmate, der Mensch, der die perfekte Ergänzung zu mir war, der Mensch, mit dem ein tiefes Verständnis bestand, der Mensch, mit dem ich den Rest meines Lebens verbringen wollte, mit dem ich alt werden wollte, war plötzlich nicht mehr da. Ich habe den Morgen heulend im Bett verbracht. Irgendwann gegen Mittag bin ich los, man muss ja mal was essen und was trinken. Und jetzt sitze ich hier in diesem Paradies zwischen Leuchtturm und Yachten, zwischen all den glücklichen Menschen, inmitten all der Freude, des Glücks und der Urlaubsstimmung vor einem schalen Bier und einer trockenen Scheibe Käse. Ich habe bestimmt eine Stunde dort so gesessen. Viele Erinnerungen gingen mir durch den Kopf. An die ungezählten Sonnenuntergänge, die wir dort gesehen hatten. Die gemütlichen Biere im Winter drinnen. Die Partys und Konzerte. Die Gedanken wanderten immer weiter, über ganz Mallorca, in all die anderen Städte, die wir besucht hatten. Nach Berlin, Barcelona, London, Stockholm und New York. Zu den Motorrädern und Autos, die unsere Garagen gefüllt haben. Zu den vielen Plänen und Träumen, die wir hatten.

Was mir in diesem Moment klar geworden ist: Das Leben ist kurz und es kann verdammt schnell vorbei sein. Das Leben ist zu kurz, um es zu verschwenden.

Nach diesem Tag Ende Mai hat sich mein Leben komplett gedreht. Ich war wieder alleinerziehender Vater. Ich war wieder auf mich selbst zurückgeworfen. Ich war wieder auf externe Hilfe angewiesen. Hätte ich nicht die Aufgabe gehabt, meinen Jüngsten noch zwei oder drei Jahre durchs Leben zu lotsen, ich hätte wahrscheinlich alles hingeschmissen und wäre nach Berlin zurückgegangen, komplett nach Mallorca oder ganz woandershin.

Es hat noch eine Weile gedauert, bis ich kapiert habe, was ich durch den Tod meiner Frau lernen durfte. Ich habe im Laufe der Zeit verstanden, was das Leben mir sagen wollte, indem es mir das alles vor die Füße geworfen hat. Mein wichtigster Entschluss war, mein Leben nicht mehr zu verschwenden, keine Zeit, keine Energie, keinen Fokus, keine Aufmerksamkeit zu vergeuden. Das Leben ist ein wertvolles Geschenk. Es nicht in voller Demut und Gänze anzunehmen, ist ein Frevel. Zu zweifeln, zu zögern, sich Genuss zu versagen, das Leben nicht zu nutzen, ist die wirkliche Sünde. Der Sinn des Lebens ist, es zu leben. Der Sinn des Lebens ist, ein bestmögliches Leben zu leben. Der Sinn des Lebens ist, es nicht zu verschwenden.

Ich habe bei mir angefangen. Den miesen Job in einer wackeligen Firma habe ich gekündigt, mein eigenes Business an den Start gebracht. Ich habe mein Leben ausgemistet, mich von Menschen, Dingen und Angewohnheiten getrennt, die mir nicht gutgetan haben. Ich habe mich entschieden, ein selbstbestimmtes Leben zu leben, mein Leben nicht von anderen oder gar von Technologie leben zu lassen, sondern am Steuer zu sitzen, die Kontrolle zurückzubekommen, zu gestalten und zu genießen.

Dazu gehörte die Entscheidung, mich nicht mehr mit Dancing Bearware abzugeben, weder Aufmerksamkeit noch Geld und schon gar nicht Zeit in etwas zu stecken, was von einer Marketingabteilung mit Bedeutung aufgeladen wurde, um es mir zu verkaufen. Es war die Entscheidung, mir mein Leben zurückzuholen, indem ich die Technologiedominanz breche und Smartphones, Autos, das Internet, Smart-TVs, Streamingdienste, elektrische Küchengeräte genau so zu behandeln, dass ich maximalen Nutzen habe. Technologie nicht so einzusetzen, dass die Hersteller, die Anbieter von Services, anonyme Firmen ihren Profit aus meinem Verhalten ziehen, aus meinen Kaufentscheidungen, meinen Daten, meinen Likes und Klicks. Es war die Entscheidung, den maximalen Nutzen aus Technologie zu ziehen, ohne dafür meine Seele, meine Daten, meinen Fokus und meine Zeit herzugeben. Es war die Entscheidung, genau die Technologie in mein Leben zu lassen, die mir hilft, die mich besser macht, die mein Leben positiv verändert, die es einfacher und fokussierter macht, und den Rest vor der Tür verhungern zu lassen. Es war die Entscheidung, nicht jede gehypte App aufs Handy zu laden und nach frustrierenden Erlebnissen festzustellen, dass mir diese Software nichts bringt. Ich stelle fest, welchen Bedarf ich habe, und schaue, welche Lösung es dafür gibt. Ich habe aufgehört, mir ein Problem einreden zu lassen und die angebotene Lösung in dankbarer Demut von den Technologiekonzernen anzunehmen.

Der nächste Schritt war, das nicht nur für mich zu tun, sondern mit meiner Message und meinen Erfahrungen nach draußen zu treten, andere an meinen Gedanken teilhaben zu lassen, sie zum Nachdenken zu bringen und sie zu verändern. Ich will meine private und meine berufliche Erfahrung nutzen, deinen Fokus und dein Bewusstsein zu schärfen. Ich will Trigger setzen, anschubsen, Menschen zum Nachdenken bringen und mit Wissen in die Lage versetzen, zu reflektieren, bewusste Entscheidungen zu fällen, ihren eigenen Weg zu gehen. Deswegen kannst du dieses Buch lesen. Deswegen kannst du mich auf Bühnen mit meinen Keynotes erleben. Deswegen bringe ich meine Klienten auf ein neues Level von Wahrnehmen, Denken, Entscheiden und Handeln, indem ich den Menschen, den Nutzen und das Leben in den Mittelpunkt der Technologieentwicklung rücke. Die Träume, Wünsche, Fähigkeiten und Bedürfnisse von Menschen in den Fokus rücke und als wichtigstes Entscheidungskriterium in der Technologieentwicklung verwende. Die zentrale Frage ist: Was tust du mit deiner Zeit? Spielst du am Smartphone rum, lässt dich in asozialen Netzwerken zu Hass, Provokation und Like-Sucht verführen? Bist du am Ende völlig ausgelaugt mit dem Gefühl, zu viel verpasst zu haben? Sitzt du im Auto und bist genervt, weil schon wieder Stau ist und du absehen kannst, dass du am Ende deiner Fahrt, deines Tages und deiner Nerven einen Parkplatz suchen wirst? Scrollst du durch die App mit den bunten Bildern, nimmst Informationen auf, die du nie wirklich brauchen kannst und die Häme oder Neid in dir auslösen? Ist das das Leben, das du führen willst?

Wir füllen unsere innere Leere mit Technologie. Wir folgen den Technologiekonzernen blind, wir glauben an die Versprechen der Marketingabteilungen. Das Perverse ist, die innere Leere wird durch die Objekte und Services, die Geräte und die sozialen Netzwerke erzeugt, mit denen wir sie füllen wollen. Das vermutete Medikament, die Heilung, das versprochene Ende ist in Wahrheit die Ursache der Krankheit, der inneren Leere oder unserer Müdigkeit. Können wir uns als freie Menschen mit einem freien Willen betrachten, wenn ein Stück Technik, totes Material, ein Stück Silikon, auf denem Bits und Bytes verschoben werden, wenn Glas und Plastik unser Denken, Entscheiden und Handeln dominieren? Erst wenn wir aus dem technologischen Hamsterrad aussteigen, wenn wir nicht mehr jeder Technikmöhre hinterherlaufen, die irgendwer vor unsere Nase hängt, bekommen wir unsere Freiheit zurück. Die Menschen verhalten sich heutzutage in dieser Welt wie in einem Spiel, dessen Anleitung sie verloren haben. Nicht die Technologie ist schuld an den Krankheitssymptomen unserer Gesellschaft, es ist unser Umgang damit. Und den können wir verändern. Wir müssen nicht die Smartphones verschrotten und uns aus allen Netzwerken abmelden. Wir müssen nicht auf die Bequemlichkeit des schnellen und einfachen Reisens verzichten. Wir müssen nicht der Information und Unterhaltung aus dem TV abschwören. Wir können die Vorteile all der Technologien, der Produkte, Services und Systeme nutzen, ohne uns zu verkaufen und unser Leben zu verraten. Es ist unsere Entscheidung. Es geht hier nicht um eine technologische Nulldiät und nicht um den endgültigen digitalen Detox. Es geht um das Erkennen, was Nutzen hat und was Dancing Bearware ist, um die Minimierung unserer Technologienutzung bis zu dem Punkt, an dem Aufwände und Ertrag, unsere Zeit und der Nutzen in einer vernünftigen Balance stehen, und es geht darum, die Kontrolle zurückzugewinnen. Die gute Nachricht ist, du hast es in der Hand. Du kannst Entscheidungen fällen, du kannst dich ändern. Sind wir ehrlich: Der einzige Mensch, den wir wirklich, dauerhaft und nachhaltig ändern können, das sind wir selbst. Du kannst andere beeinflussen, manipulieren, drängen, verbiegen. Ändern kannst du nur dich. Dein Leben. Deine Wahrnehmung. Deine Einstellung. Deine Entscheidungen. Dein Handeln. Deine Verantwortung.

Analysieren, minimieren, kontrollieren: der Weg aus der Technologiedominanz

»Man kann den Blick abwenden, die Aufmerksamkeitskannibalen und die Provokateure des Tages ignorieren, um sich dann in einer von Krisen geschüttelten Zeit einer einzigen, tatsächlich dramatischen Frage zuzuwenden: Was ist wirklich wichtig?«

Bernhard Pörksen

In diesem Abschnitt gebe ich dir Strategien und konkrete Tipps an die Hand, wie du in den Fahrersitz deiner Technologienutzung kommen kannst. Ich zeige dir, basierend auf meiner Erfahrung als Mensch, als Experte und als Berater, wie du deine Freiheit, wie du ein essenzielles Stück deines Lebens zurückbekommst. Es sind drei Schritte, die aufeinander aufbauen, miteinander verwoben sind und immer wieder durchlaufen werden. Jeder der Schritte besteht aus Erkennen, Perspektivwechseln, Aktionen und schließlich Veränderungen. Jeder Schritt braucht deine Beteiligung, deine Zustimmung und deine Aktion. Es nichts dabei, was unlösbar ist, vieles lässt sich schnell und einfach umsetzen, anderes braucht mehr Fokus. Es kommt auf dich an.

Die drei Schritte sind analysieren, minimieren und kontrollieren. Analysieren ist die Beantwortung der Frage: Handelt es sich bei einer Technologie, einem Produkt oder einem Service um Dancing Bearware oder wird ein echter Wert erzeugt. Werden Ressourcen, Geld und Zeit verschwendet oder wird durch eine Technologie das Leben besser, sicherer, schneller, fokussierter, reicher, lustiger?

    Bei der Minimierung geht es um digitalen und analogen Minimalismus, um digitale Entgiftung. Es geht darum, dein Leben von Ballast zu befreien, von all den Dingen, die dich ablenken, deine Aufmerksamkeit, Zeit und dein Geld fressen.

Unter Kontrollieren habe ich all die Dinge zusammengefasst, die wir mit uns machen können, die dazu dienen, unsere Sicht, unsere Einstellung und unsere Reaktion auf das dauernde Drängen von Geräten, Systemen, Software, Services und Produkten in unserem Leben zu verstehen und zu korrigieren. Streamingdienste kosten nicht die Abogebühren, die du zahlst, sie kosten Zeit. Soziale Netzwerke sind nicht umsonst, du zahlst mit deinem Fokus und deinen Daten. Das neue Smartphone wird dir nicht geschenkt, du zahlst es mit dem Vertrag ab. Immer wenn etwas gratis oder billig angeboten wird, werde misstrauisch. Denn dann bist du nicht der Kunde, sondern das Produkt, bestehen versteckte Kosten, bezahlst du mit Daten, Aufmerksamkeit und Zeit. Jason Lanier diskutiert das im Detail in seinem Buch »Wem gehört die Zukunft? Du bist nicht der Kunde der Internetkonzerne. Du bist ihr Produkt.«

Analysieren: den wahren Wert von Technologie bestimmen

Der erste Schritt, um Technologiedominanz zu brechen, ist die Klärung, ob es sich bei einer Technologie um Dancing Bearware handelt oder ob sie einen echten Wert hat. Hat einer der Tech-Giganten, ein Produkthersteller oder eine Handelskette eine leere Hülle mit Heilsversprechen aufgeladen oder wird mein Leben durch diese Technologie besser?

Das Leben ist komplex. Es gibt unendliche Aspekte, riesige Mengen an Informationen, Verfügbarkeit von abstrusen Objekten und Services. Es gibt mehr als eine Wahrheit. Alles hängt mit allem zusammen und das ist hier nicht esoterisch gemeint. Wenn man etwas tut, kommt es zu unerwarteten Effekten an ganz anderer Stelle. Keine Wirkung ohne Nebenwirkung.

Unsere Genetik, unsere Wahrnehmung und unsere Entscheidungsfähigkeit sind von der Evolution auf das Leben angepasst worden, das wir vor 10.000 Jahren gelebt haben. Auf ein Leben ohne Internet, ohne Smartphones, ohne Autos. Ein Leben ohne die dauerhafte Verfügbarkeit von Informationen, ohne das ständige Zerren an unserer Aufmerksamkeit, ohne den Druck, gefühlte 37 Dinge gleichzeitig erledigen zu müssen und in allen analogen und digitalen Lebenslagen die jeweils passende Reaktion zu zeigen. Technologie erzeugt diese Komplexität. Kommunikation über das Internet, Nachrichten auf dem Smartphone, Unterhaltung auf dem Fernseher, das schnelle Reisen mit Auto und Flugzeug: Darauf sind wir in unserer Genetik, unserer Wahrnehmung und unseren Entscheidungsprozessen nicht vorbereitet.

Um den Wert von Technologie zu bestimmen, habe ich die ASS-Methode entwickelt. ASS ist ein Akronym, die Buchstaben stehen für etwas. Es wird nicht englisch ausgesprochen, also nicht "ÄÄÄÄS", sondern wie "Ass" in Pik-Ass oder Herz-Ass.

Das A steht für Aufräumen. Für das Schaffen von Fokus. Für die Möglichkeit, sich auf genau die Dinge zu konzentrieren, die wichtig sind. Für das Fernhalten von Störungen, Kram, Unterbrechungen, Ablenkung. Es steht für die Reduktion der empfundenen Komplexität.

Wie oft hast du schon fluchend vor einem neuen Smart-TV gestanden und versucht, die richtigen Sender zu finden? Wie viel Zeit hast du mit dem Einstellungsmenü einer Küchenmaschine verbracht? Wie oft ist dein Geschirr dreckig aus der Spülmaschine gekommen? Wie oft hast du schon in einem Mietwagen gesessen und dich gefragt, wie das Radio angeht? Wie viel Zeit deines Lebens hast du in Schulungen gesessen und dir kryptische Softwarepakete erklären lassen? Gute und werthaltige Technologie räumt auf. Sie vereinfacht unser Leben, sie reduziert die Komplexität. Sie ist dafür da, dich zu unterstützen, dein Leben einfacher zu machen, die Last von deinen Schultern und deinem Geist zu nehmen. Für die Nutzung jeder Technologie investieren wir. Wir investieren Geld, Aufwand und Zeit. Wir fahren zu einem der großen Elektronikhändler, kaufen dort ein Gerät, schleppen es nach Hause. Dort packen wir es aus, sauen mit den Papier- und Plastikschnipseln das Wohnzimmer ein, müssen die Kartonagen und Kunststoffhüllen entsorgen. Wir investieren Zeit, nicht nur für Kauf und

Transport, sondern für die Inbetriebnahme und das Erlernen der Funktionen. In den meisten Fällen werden wir dazu aufgefordert, Software aus dem Internet herunterzuladen und zu installieren. Es kommt der Zeitpunkt, an dem wir unsere Investitionen zurückbekommen wollen. Wir können kommunizieren, bekommen Fragen beantwortet, werden unterhalten und schneller transportiert. Unser Leben wird sicherer und wir bekommen lästige Dinge mit weniger Aufwand erledigt. Wir ziehen Nutzen aus Technologie. Am Ende soll der Aufwand, den wir reinstecken, kleiner sein als der Nutzen, den wir aus einem Gerät, einem Service oder einer Technologie ziehen. Unter Aufwand verstehe ich hier meinen gesamten Invest, nämlich den in Geld, Gedanken, Fokus, Nerven und in Zeit.

Das erste S in ASS steht für Sicherheit. Wird mein Leben durch eine Technologie sicherer? Gesünder? Verringert sie Gefahren und Risiken oder weist sie mich darauf hin? Werden Folgen von Fehlern, die jeder immer wieder macht, abgefangen oder minimiert? Das Bedürfnis nach Sicherheit, nach Überleben und körperlicher Unversehrtheit ist tief in uns verwurzelt. Jeder von uns hat eine ununterbrochene Reihe von Vorfahren bis hin zur Entstehung des Lebens. Alle unsere Ahnen haben erfolgreich mindestens so lange überlebt, bis sie sich vermehren konnten. Dieses Bedürfnis treibt uns an. Wir wollen überleben und wir wollen unverletzt bleiben. Wenn nicht, stimmt etwas grundlegend nicht.

Autos werden durch Technologien wie ABS, Airbags, Deformationszonen, Abstandssensoren und Fahrerassistenzsysteme immer sicherer. Die Zahl der Verkehrstoten sinkt Jahr für Jahr, während die Fahrleistungen ständig steigen. Flugzeuge und Züge sind dank der Technologie sehr sichere Verkehrsmittel. Medizingeräte gehen im Normalbetrieb fast nie kaputt. Sensoren und Aktoren überwachen und steuern unsere Umwelt, um uns zu schützen. Smartphone-Apps, die vor Unwettern warnen, oder eine funktionierende Corona-App können uns schützen. Schrittzähler und Blutdruckmessgeräte fordern uns auf, auf unsere Gesundheit zu achten.

Technologie darf auch einfach nur schön sein, uns erfreuen, positiv berühren, Emotionen wecken. Wir Menschen bestehen aus weit mehr als nur einem Körper, der gefüttert, getränkt, gepflegt, transportiert, unterhalten und beschützt sein will. Wir Menschen sind ganzheitlich, wir haben Sinne, Emotionen und Gefühle. Um uns komplett, ganz und heil zu fühlen, brauchen wir Ansprache jenseits der Physik und des Offensichtlichen, brauchen wir Emotionen und wollen wir an Geist und Seele berührt werden.

Das zweite S ins ASS steht für Sinnlichkeit. Technologie erlaubt mir die Kommunikation mit meinen Lieben, wenn ich wieder mal nicht da bin. Ich kann mit einem E-Book-Reader die Weltliteratur entdecken. Ich kann mit Musik-Apps und Streamingdiensten Musik hören. Ich kann in virtuellen Museen Kunstwerke sehen. Für das Vergnügen, für die Unterhaltung. Für positive Gefühle, das Gefühl, ganz und gar da zu sein.

Wenn du vor der Entscheidung stehst, ein neues Gerät, einen neuen Service oder eine technologische Dienstleistung zu kaufen, einem neuen sozialen Netzwerk beizutreten, ein neues Fahrzeug, Küchengerät oder einen neuen Fernseher zu kaufen, dann gehe diese drei Punkte durch. Vereinfacht eine Technologie mein Leben? Ganz ehrlich und unter dem Strich, in der Summe? Sind die offensichtlichen und die versteckten Kosten geringer als der Nutzen? Werden die Nachteile durch Vorteile mehr als ausgeglichen? Fokussiert eine Technologie mein Leben? Macht sie es sicherer? Schafft sie Sinnlichkeit? Das Teuflische ist, viele der Nachteile treten erst später auf, es kommt zu Folgekosten: Nachkauf von Material, Zeitaufwand bei Gebrauch und Pflege. Der Nutzen verringert sich im Laufe der Anwendung. Marketingabteilungen von Herstellern und Händlern lieben es, über die Vorteile eines Produkts zu reden. Die Nachteile fallen in der Kommunikation unter den Tisch, der Konsument darf das im Laufe der Zeit allein herausfinden. Im Idealfall erfüllt eine Technologie alle drei Kriterien, Aufräumen, Sicherheit und Sinnlichkeit.

Es reicht, wenn ein Kriterium erfüllt ist, um die Chance, sich mit Dancing Bearware zu umgeben, zu minimieren. Stellst du am Ende der Analyse fest, keines der Kriterien ist erfüllt, eine Technologie räumt mein Leben nicht auf, stiftet keine Sicherheit, dient nicht meiner sinnlichen Erbauung und der Aufwand ist höher als der Nutzen, dann kannst du sicher sein, dass es sich um Dancing Bearware handelt. Lass die Finger davon, lass das Gerät im Regal, schmeiß die App wieder vom Smartphone, buche den Service nicht, egal wie groß die Versprechen sind, die mit der Technologie verbunden sind, wie groß das irrationale Verlangen ist, wie sehr andere dich drängen mitzumachen oder dich verachten, wenn du nicht mitspielst. Du hast es in der Hand, zu erkennen und zu entscheiden. Du kannst »Nein« sagen. Du kannst deinen Fokus ausrichten, deine Zeit, dein Geld, deine Ressourcen für dich verwenden. Deine Entscheidung. Die Entscheidung für ein »Nein« kann befreiend sein.

Minimieren: nur das, was nötig ist

Als ich vor ein paar Jahren zu meiner damaligen Freundin, meiner heutigen Frau, gezogen bin, hatte ich die letzten paar Jahre davor allein in einem 130 qm großen Haus gelebt. Das hatte ich 15 Jahre vorher gekauft und zunächst zu zweit mit meinem Sohn bewohnt. Später waren wir zu viert, mit Au-pair für viele Jahre zu fünft und am Ende war ich allein.

In all den Jahren hatte sich eine Unmenge an Kram angesammelt. Vieles hatte mal einen Sinn, den aber über die Zeit verloren. Ein paar Sachen hatten nie einen Zweck erfüllt. Vieles war kaputt, einiges aus der Mode gekommen oder technisch veraltet. Bestes Beispiel war ein ZIP-Laufwerk mit einem halben Meter Datenträger. Du kennst ZIP-Laufwerke nicht? Macht nichts, die sind heute völlig irrelevant, erst von USB-Sticks abgelöst worden, heute von Datenspeicherung in der Cloud oder auf Servern.

Ich wollte jetzt zu meiner Freundin ziehen, die in ihrer Wohnung auf 95 qm wohnte. Also auf deutlich weniger Platz. Und sie hatte ja schon ihre Sachen. Ich bin konsequent geworden. Alles, was ich nicht brauchte, habe ich verschenkt, gespendet, verkauft oder weggeworfen. Ein paar Dinge, die Geldwert hatten, habe ich beim Onlineauktionshaus versteigert. Das meiste wanderte in Säcke, die ich zum Müllhof fuhr. Mit jedem dieser Säcke, den ich in den entsprechenden Container warf, wurde meine Seele leichter, wurde die Last auf mir geringer, fühlte ich mich leichter und befreiter. Als ich einmal unter Schmerzen damit angefangen hatte, wurde es im Laufe der Zeit immer einfacher und immer freudvoller. Am Ende war es eine pure Lust, mein Leben auf das Nötige zu fokussieren.

Das geht im digitalen Leben auch. Schau mal in die Schublade mit den alten Smartphones. Viele von uns bekommen alle zwei Jahre ein neues, bei dem man sich zunehmend fragt, wo der Vorteil gegenüber dem letzten liegt. Was sich denn wirklich verändert hat. Ich hatte irgendwann fünf oder sechs Geräte herumliegen. Das neueste von den nicht benutzten habe ich als Ersatzgerät behalten, alle anderen verschenkt oder verkauft.

Entsprechendes kannst du mit allen Hausgeräten machen, mit Fernsehern, Tablets, Küchenmaschinen. Jede Doublette wird hinterfragt und wenn sie keinen Sinn hat, verkauft, verschenkt, gespendet oder entsorgt. Das kann bis zum Fuhrpark gehen. An einem Weihnachtsfest Mitte der Neunzigerjahre gab es in Berlin extremes Glatteis aufgrund von Regen bei Minusgraden. Ich war mit meiner damaligen Freundin bei ihren Eltern im Schwabenland. Bei der Rückkehr fanden wir das Auto meiner Freundin, mit dem wir zum Bahnhof gefahren waren, völlig zerknittert vor, Totalschaden. Der Unfallverursacher hatte sich bei der Polizei gemeldet, seine Versicherung zahlte den Totalschaden.

Unser erster Gedanke war, reflexartig, ein neues Auto zu kaufen, das zweite in einem Zweipersonenhaushalt. Wir haben überlegt, wann wir wirklich zwei Fahrzeuge brauchen. Es stellte sich heraus, dass nur am Dienstagabend, wenn meine Freundin Tanzkurs hatte und ich Bandprobe, wir zwei Autos brauchen können. Alles andere lässt sich locker mit einem Auto, ein bisschen Organisation und der Nutzung von öffentlichen Verkehrsmitteln erledigen.

Ich als Gentleman habe an den Dienstagen den Bus zum Übungsraum genommen und meiner Freundin das Auto überlassen. Von dem Geld der Versicherung hätte ich auch für ein paar Jahre ein Taxi nehmen können.

Schau dich in deinem Haushalt um, welche Geräte einen Zweck erfüllen und welche nicht. Brauchst du die Digitalkamera noch, wenn du sowieso nur mit dem Smartphone fotografierst? Was ist mit dem MP3-Player? Der Kaffeemaschine hinten im Schrank, wenn dir ein Vollautomat jeden Morgen einen perfekten Kaffee macht? Konsequent sein, verkaufen, verschenken, spenden, entsorgen. Wenn die Zahl der Geräte auf das Nötige minimiert wurde, schau mal in dein Smartphone hinein. Gucke jede einzelne App an und frage dich, wann du sie das letzte Mal geöffnet hast. Ist es mehr als drei oder sogar sechs Monate her? Dann lösche sie. Bist du dir unsicher, erstelle einen Ordner, in den du alle Apps verschiebst, von denen du glaubst, du könntest sie eventuell doch noch einmal gebrauchen. Wenn du diesen Ordner drei Monate nicht öffnest, lösche ihn, ohne hingesehen zu haben. Entsprechend gehst du mit deinem Tablet und dem PC vor. Alles, was ein Viertel- oder halbes Jahr nicht gebraucht wird, fliegt runter. Oder wird zumindest ausgelagert. Entlaste deine Geräte von Daten, sie danken es dir durch höhere Stabilität und Geschwindigkeit. Dein Hirn dankt es dir mit einem größeren Fokus. Dein Leben dankt es dir mit mehr verfügbarer Zeit. Ich habe in meinem Safe eine riesige Festplatte liegen, auf der sich alte Bilder, Musik, Texte und Foliensätze von längst vergangenen Projekten befinden. Da liegen diese Daten gut. Wenn ich etwas brauche, kann ich darauf zurückgreifen, 99 Prozent der Zeit sind sie außerhalb meines Fokus und belasten mich nicht.

E-Mails sind wunderbar. E-Mails nerven. E-Mails erlauben eine schnelle und einfache Kommunikation rund um den Globus. E-Mails fressen Zeit und Energie. Für persönliche digitale Nachrichten über andere Kanäle gilt das auch. Ich bekomme ca. 100 Nachrichten pro Tag, verteilt auf fünf oder sechs relevante Kanäle: eine Businessmail, zwei private, WhatsApp, LinkedIn, Facebook. Es läppert sich und ich gehöre wahrscheinlich zu denen, die eher weniger bekommen als andere. Bei diesen Nachrichten gilt für mich das Ohio-Prinzip: "Only handle it once", fass es nur einmal an. Wenn ich eine Mail bekomme, bei der ich vermuten darf, dass ich eine Aufgabe zu erledigen habe, etwa eine Antwort schreiben, etwas recherchieren oder ein Angebot erstellen, öffne ich die Mail zu einem Zeitpunkt, an dem ich vermutlich diese Aufgabe auch erledigen kann. Damit vermeide ich, eine Mail mehrfach zu öffnen, mehrfach zu lesen, mehrfach einzutauchen und zu verstehen, was ansteht. Newsletter können eine wunderbare Quelle von Wissen sein. Wird die Zahl zu groß, nehmen sie zu viel Zeit und zu viel Fokus in Anspruch. Es ist die einfache Frage nach der Balance: Bringt mir ein bestimmter Newsletter etwas, behalte ich ihn. Wenn er mehr Energie kostet, als er bringt, wird er abbestellt. Damit entlastest du deinen Maileingang, deine Gedanken, deine Informationsaufnahme und du kannst dich auf die Post fokussieren, die wirklich wichtig ist.

Setze deinen Spamfilter sehr eng, alles, was nicht wirklich wichtig ist, wandert ungelesen und unbemerkt in den Müll. All die Aufmerksamkeitsfresser, die Fokussauger, die Zeitdiebe werden wunderbarerweise von Technologie aussortiert und ins digitale Nirvana geschickt. Die Geräte, die Services, die Maileingänge, die ich täglich nutze, habe ich von Nutzlosem, Überflüssigem, von digitalem Müll befreit. Damit habe ich Platz geschaffen, auf den Datenträgern, in Postfächern und in meinem Kopf. Ein minimierter Desktop, eine reduzierte Handyoberfläche, ein leeres Postfach schaffen Fokus. Sie erlauben, sich auf die wichtigen Dinge zu konzentrieren. Die Ablenkung durch das Scrollen in den alten Bildern, Musikdateien, Texten wird reduziert. Wir gewinnen Zeit für die Dinge, die wirklich wichtig sind. Für aufbauende Gespräche, das Lesen eines guten Buches, persönliche Fortbildung, Meditation, Sex.

Zum Minimieren gehört, durch die sozialen Netzwerke zu gehen und zu schauen, mit wem bin ich verknüpft? Wir sind genetisch die steinzeitlichen Jäger und Sammler, die vor 12.000 Jahren sesshaft wurden. In diesen Gruppen war es sinnvoll, zu wissen, was die anderen tun. Von 3.000 LinkedIn-Kontakten oder 1.500 Facebook-Freunden zu wissen, was sie tun, denken und planen, hat evolutionsbiologisch keinen Sinn. Unser Tausende Jahre altes Gehirn nutzt moderne Technologie, die von Heerscharen bestens ausgebildeter und ausgestatteter Programmierer entwickelt, von Marketingprofis mit Bedeutung aufgeladen und für unverzichtbar erklärt und die von den Gurus des Silicon Valley zum Füllen der eigenen Taschen erfunden wurde. Die Ziele dieser Menschen sind nicht unsere und sie tun uns nicht gut.

Wirf die analogen und digitalen Energievampire aus deinem Leben. Reduziere deine Netzwerke auf das Nötige, das Schöne und das Unterhaltsame. Gehe durch die Listen deiner Freunde, Kontakte und Netzwerkknoten, identifiziere die, die dir guttun, und behalte sie. Den Rest kannst du unbedenklich ins analoge und digitale Nirvana schicken. Das befreit.

Kontrollieren: Ich bin der Chef im Ring
Nachdem wir nutzlose Technologie identifiziert, Dancing Bearware aus dem Leben verbannt oder gar nicht erst hineingelassen, aufgeräumt, in unseren Apps und Daten Inventur gemacht und analysiert und minimiert haben, verbleibt das an Technologie in unserem Leben, was Wert

hat, was nutzt, was unser Leben besser macht. Der dritte Schritt ist, die Technologie unter Kontrolle zu halten, den Geräten und Diensten die Macht über uns zu nehmen, ihre Dominanz zu brechen. Es gibt das Wort »bedienen«: in "Bedienungsanleitungen", in der Aussage, »Das ist einfach zu bedienen«, oder auch in »Bedienkomfort«. Bedienen heißt, dass ich dem Gerät diene, der Mensch dient der Technologie, die Technologie lässt den Menschen für und an sich dienen. Das ist pervers, das ist das Gegenteil von dem, was sein sollte. Technologie hat mir zu dienen. Technologie, Systeme, Geräte, technische Services sollen mein Leben zu einem besseren machen, sie sollen es schneller, einfacher, fokussierter, sicherer, schöner oder auch nur lustiger machen. Sie sollen mir dienen und nicht andersherum. Der Mensch ist der Chef im Ring, sitzt im Fahrersitz, wenn es um die Interaktion mit Technik geht.

Lege das Buch zur Seite und schau auf dein Smartphone. Wenn du das Display anschaltest, wirst du wahrscheinlich von sechs Mails, neun App-Notifications und 15 Messenger-Nachrichten angeschrien. Diese Informationen kannst du nicht ignorieren, sie werden dir von der Technologie ins Gesicht geworfen. Wahrscheinlich hast du, selbst wenn dich das, was ich hier schreibe, fesselt, was ich sehr hoffe, immer wieder Momente der Ablenkung erfahren. Bei jedem Ping, Dingel oder Klingel hast du den Reflex, nach dem Smartphone zu greifen und zu schauen, welche Nachricht gerade hereingekommen ist, wer etwas von dir will, welche App an dir zerrt. Selbst wenn du dem Drang, gleich nachzusehen, was reingekommen ist, widerstanden hast, sind deine Aufmerksamkeit und dein Fokus unterbrochen worden. Je nach Komplexität deiner Aufgabe brauchst du mehrere Minuten, bis die Konzentration wieder komplett hergestellt ist. Ich habe mein Smartphone komplett stumm geschaltet. Es gibt keine Töne von sich. Wenn ich einen wichtigen Anruf erwarte, schalte ich den Klingelton an. Das kommt vielleicht zweimal im Monat vor. Ich habe alle Benachrichtigungen über eingehende Nachrichten abgeschaltet. Mein Display blinkt nicht bei jeder Mail, bei jeder WhatsApp, bei jedem LinkedIn-Kommentar. Ich entscheide, wann ich meinem Smartphone Zeit und Aufmerksamkeit schenke. Ich entscheide, wann ich das Display anschalte. Ich entscheide, in welche App ich gucke, um Nachrichten zu lesen, etwas zu kommentieren oder zu posten. Ich lasse mich nicht von einem Stück Plastik und Glas gefüllt mit Silikonchips, von Bits und Bytes, von Software und Algorithmen terrorisieren. Ich lasse mich nicht vom Handydisplay anschreien. Mein Leben, meine Kontrolle, mein Selbstwert, meine Verantwortung. Wir sollten weniger "müssen" müssen. Ich muss erreichbar sein. Ich muss flexibel und schnell antworten. Ich muss wissen, was los ist. Nein, müssen wir nicht. Oder nur in ganz seltenen Fällen. Als grundlegende Einstellung zum

Leben, als Dauerzustand, als Zwang ist permanente Erreichbarkeit ungesund. Sie setzt uns unter Stress, sie nimmt uns den Fokus, sie lenkt uns ab. Sie saugt an unserer Energie, sie begrenzt unsere Selbstständigkeit, unser Denken und sie reduziert die Lebensqualität. Sie macht krank.

Wenn das Smartphone stumm ist, es uns nicht mehr in jedem Moment erreichbar macht, es uns nicht ständig in seine Kontrolle zieht, können wir die nächsten Schritte gehen. Für viele ist das Smartphone das letzte, was sie abends in der Hand haben, und das erste, was sie morgens anfassen. Abends nehmen wir die Welt mit ihren zum Teil verstörenden Bildern, dem Überfluss an Information, an Klatsch und Tratsch, die digitalen Nichtigkeiten mit in den Schlaf und morgens werden wir damit geweckt. Bevor wir richtig wach sind, zerrt die Welt an uns. Bevor wir in der Lage sind, einen klaren Gedanken zu fassen, stehen wir schon unter Strom. Bevor wir realisieren, wo und wer wir sind, sind wir schon woanders und jemand anders. Stell dein Smartphone über Nacht auf Flugmodus. Lasse es in einem anderen Raum, wenn du schlafen willst. Lege es 30 Minuten, bevor du einschläfst, aus der Hand und nimm es in den ersten 30 Minuten des Tages nicht in die Hand. Das sind Zeiten, die nur für dich sind, die du füllst, die dir gehören. Das sind Momente, in denen du dir erlaubst, bei dir zu sein, in denen du die Außenwelt abblockst und in dein Inneres schlüpfst.

Lass das Telefon bei einem Spaziergang um den Block bewusst zu Hause liegen. Geh raus, nimm die Umwelt wahr, lass dich ganz auf den Moment und den Ort, an dem du bist, ein. Am Anfang wirst du dich so fühlen, als hättest du einen Arm zu Hause gelassen. Am Ende wirst du feststellen, dass du einen dritten Arm zu Hause gelassen hast, von dem du nicht wusstest, dass du ihn besitzt. Die Anrufe, Nachrichten und Meldungen warten auf dich. Die laufen nicht weg, die sind nach einer halben Stunde oder einem halben Tag immer noch da. Und du bist mit zwei Armen sehr komplett. Schau dich mal in Restaurants und Kneipen um. An vielen Tischen und Tresen wirst du sehen, wie Menschen, die zu zweit oder in Gruppen sitzen, nicht miteinander vor Ort kommunizieren, sondern mit irgendwem oder irgendwas an einem anderen Ort. Sie haben konstant die Smartphones in der Hand. Bei ein paar Businessdinners mit Freunden und Kollegen in Las Vegas anlässlich der CES (Consumer Electronics Show) haben wir beschlossen, uns dem Sog der digitalen Kommunikation zu entziehen. Sinn der Treffen war, sich auszutauschen, Ideen zu generieren, sich gegenseitig besser kennenzulernen. Und es war Ziel, die exzellenten Speisen intensiv zu genießen. Wir haben die Smartphones stumm geschaltet und mit dem Display nach unten auf einen Stapel in der Mitte des Tisches gelegt. Wer als erstes nach seinem

Gerät greift, bezahlt den Abend. In den Edelrestaurants von Las Vegas kann eine Runde von vier, fünf oder sechs hungrigen Menschen eine Menge Geld kosten. Es hat bestens funktioniert, wir hatten wundervolle Abende, die lange in Erinnerung bleiben werden. Wir haben uns ausgetauscht, geredet, Dinge über die anderen gelernt, uns aufeinander fokussiert. Ein Teilnehmer sagte, er habe Seelenbilder in sich aufgenommen, die ihm niemand mehr nehmen kann.

> »Noch nie zuvor in der Geschichte hatten die Entscheidungen einer Handvoll von Produktentwicklern (meist weißen Männern in ihren Zwanzigern und Dreißigern aus San Francisco), die in drei Firmen arbeiten, so viel Einfluss auf das, worauf Millionen von Menschen auf der ganzen Welt ihre Aufmerksamkeit richten.«
>
> *Tristan Harris*

Wenn du dich beobachtest, wirst du feststellen, dass du das Handy oft wie ferngesteuert in die Hand nimmst. Bevor du realisierst, dass du es tust, bist du schon in einer der süchtig machenden Social-Media-Apps gelandet, hängst am Nachrichtenstrom, checkst dieses und jenes und bist den Mechanismen von Big Tech verfallen.

Bevor du auch nur anfängst, darüber nachzudenken, präsentierst du den Großen der Branche dein Verhalten, deine Vorlieben, deine Meinung. Du hinterlässt deine Daten. Du verschwendest deine Zeit. Wenn du dich mal wirklich erschrecken willst, mach Folgendes: Gehe bei einem Apple-Smartphone in »Einstellungen« und in »Bildschirmzeit«, bei einem Android-Gerät unter »Einstellungen« in »digitales Wohlbefinden«. Dort wird dir angezeigt, wie viel Zeit du mit dem Gerät verbracht hast. Heute, die letzten Tage, die Veränderung zur Vorwoche. Na, geschockt? Der Zeitraum zwischen dem reflexhaften Zugriff auf das Gerät und dem Eintauchen in die digitale Welt ist kurz. Er ist zu kurz, um mit dem Verstand und dem Wissen, das du hast, dein Verhalten zu reflektieren und zu korrigieren. Identifiziere die Apps, die für dich ein besonderes Suchtpotenzial haben, mit denen du mehr Zeit verbringst, als du willst und als es gut für dich ist. Packe diese Apps in einen separaten Unterordner und verstecke diesen Unterordner irgendwo ganz hinten auf dem Startbildschirm. Die Sekunden, die du zusätzlich brauchst, um die App zu öffnen, sind die, in denen du reflektieren kannst, ob du das jetzt wirklich willst oder ob du gerade der Macht der Technologie verfällst, ob du Täter bist oder Opfer. Die gleichen Prinzipien und Handlungsweisen, die ich am Beispiel Smartphone beschrieben habe, kannst du in allen anderen Bereichen deiner Technologienutzung anwenden. Wenn die Fernbedienung weit weg vom Sofa liegt, wenn du aufstehen musst, um sie zu erreichen, wirst du den Fernseher öfter mal ausgeschaltet lassen. Lege ein gutes Buch auf den Couchtisch, einen edlen Bildband oder eine hochwertige Zeitschrift. Danach greifst du deutlich schneller.

Noch einmal zum Thema E-Mails: Sie sind gute Mittel zur Kommunikation und sie nehmen einen großen Raum in unserem Denken und Handeln ein. Sie sind wunderbare Ablenkung, wenn wir prokrastinieren.

Die Erwartungshaltung ist oft, dass auf eine Mail oder sonstige digitale Nachricht innerhalb kürzester Zeit geantwortet wird. Manchmal wird nach einer halben Stunde eine weitere Mail hinterhergeschickt oder angerufen. Hast du meine Mail vorhin nicht bekommen? Habe ich wahrscheinlich, ich bin nur gerade auf etwas anderes fokussiert. Meine Benachrichtigungen sind am PC ausgeschaltet, ich bestimme, wann ich ins Postfach gucke. Jetzt, in dem Moment, in dem ich diese Zeilen schreibe, ist mein Postfach zu. Ich will für dich das bestmögliche Buch schreiben. Dafür brauche ich Fokus und Ruhe. Jede eingehende Mail zerstört beides und es dauert Minuten, bis ich wieder komplett im Schreibflow bin. Bei emotionalen Nachrichten auch eine halbe Stunde. In dieser Zeit bin ich nicht produktiv, erbringe nicht meine beste Leistung und verschwende Zeit. Es geht nicht nur um die Zeitspanne, in der ich eine Nachricht lese und beantworte, die Unterbrechung und ihre Folgen schwingen lange nach. Wenn du besonders anspruchsvolle Nachrichtenversender hast, Menschen, die konstant und konsequent an deiner Aufmerksamkeit zerren, setze einen Abwesenheitsassistenten. Der könnte zum Beispiel lauten: »Ich freue mich sehr über Ihre Mail und beantworte sie sehr gern. Meine Mails lese ich um 9:00 und um 15:00 Uhr. Zurzeit bin ich dabei, meine Produkte und Dienstleistung für Sie zu optimieren«. Probiere es aus, es wirkt.

Block dir deine Zeiten im Kalender. Habe Dates mit dir selbst. Mach dir einen Termin in den Kalender, Mittwochmittag von 12:00 bis 14:00 Uhr, und schreibe rein: »neuen Krimi lesen«. Plane jeden Morgen 30 Minuten für deine Meditation fest ein. Setze Termine für Zeiten mit deinem Partner oder deiner Partnerin. Kommuniziere diese Blocks gegenüber deinem Team, deinen Kollegen, Kunden und Geschäftspartnern. Sie werden mehr Verständnis haben, als du glaubst, und sie werden dich darum beneiden. Du wirst die Kontrolle zurückbekommen. Du wirst weniger gehetzt, weniger getrieben sein, weil du die digitalen Ablenkungen abschaltest, den Verführungen der sozialen Medien entgehst und der Manipulation durch Big Tech widerstehst.

Meine Nachbarn sind absolute Autofreaks. Ich stelle immer wieder fest, dass einer der Bewohner des

Nachbarhauses ins Auto springt, wegfährt und nach fünf Minuten wieder da ist. An manchen Tagen passiert das sechs- oder achtmal. Wohin fahren die, um kurz darauf wieder zurückzukommen? Ist das nötig? Ist das sinnvoll? Könnten sie das nicht auch zu Fuß oder mit dem Fahrrad erledigen? Könnte man mit besserer Planung die Fahrten kombinieren und die Anzahl reduzieren? Da die Nachbarn gerade dabei sind auszuziehen, werde ich meine Fragen vielleicht nie beantwortet bekommen. Und im konkreten Fall ist es auch nicht relevant. Aber für unser Verhalten sind sie wichtig. Autos sind wundervolle Objekte. Sie kombinieren verschiedene Technologien: Verbrennungsmotor, Elektroantrieb, Elektronik, Software, Navigationssysteme, Airbags, ABS, ESP und weitere Dreibuchstabentechnologien. Sie erlauben uns eine individuelle Mobilität. Sie geben uns einen privaten Raum in der Öffentlichkeit. Sie bewegen und beschützen uns. Sie geben uns das Gefühl von Freiheit, Mobilität und sie geben uns Optionen. Sie verschaffen uns Erlebnisse. Wir zahlen als Individuen, als Gesellschaften und als Menschheit einen hohen Preis dafür. Es sterben weltweit jedes Jahr 1,3 Millionen Menschen im Straßenverkehr. Die Zahl der Verkehrstoten entspricht der Zahl der Menschen, die sterben, wenn jede Stunde ein vollbesetztes Verkehrsflugzeug abstürzt. Lass dir das noch mal durch den Kopf gehen. Mal ehrlich: Setzt du dich in ein Flugzeug, wenn jede Stunde eins vom Himmel fällt? Autos nehmen den öffentlichen Raum ein, sie brauchen Straßen, Parkplätze, Werkstätten und Tankstellen. Ohne eine Infrastruktur, die unser aller Leben beeinflusst, fährt kein Auto. Das Fahren selbst verursacht Lärm, gerade bei unseren Nachbarn, die eine Vorliebe für offene Auspuffendrohre haben. Es verursacht Abgase, Stickoxide und CO_2, erzeugt Staus und bindet Aufmerksamkeit. Überlege dir, ob eine bestimmte Fahrt nötig ist. Kannst du alternativ zu Fuß gehen oder das Fahrrad nehmen? Kannst du einzelne Fahrten kombinieren und damit die Nutzung des Autos optimieren? Oder ein ganz gewagter Schritt: Brauchst du ein eigenes Auto oder tut es auch Carsharing?

Ich vermeide es, Technologien grundsätzlich abzulehnen. Bei den dauerhaft lauschenden Sprachtechnologien und den Smarthome-Systemen, mit denen wir unser Leben steuern können, neige ich jedoch zu extremen Aussagen. Die ständige Anwesenheit von Mikrofonen, die mit dem Internet verbunden sind, die konstanten Datenströme hin zu Big Tech, die Sucht dieser Firmen nach Daten und Informationen, die bereits aufgedeckten Ungereimtheiten und die dahinter sichtbare Systematik im Handeln lassen mich zu der Überzeugung kommen, dass solche Geräte in meiner Umgebung nichts zu suchen haben. Du lebst dein Leben. Du bist dafür verantwortlich. Niemand sonst. Kein anderer Mensch, kein Stück Technologie. Ein totes Objekt aus Silikon, Glas, Plastik, Kupfer, Stahl und

Gummi sollte keine Kontrolle über dich haben. Bits und Bytes, Algorithmen, anonyme Firmen aus dem Silicon Valley, geführt von unfassbar reichen Männern, sind nicht der Leitstern deines Lebens. Was für dich wirklich zählt, bist du. Das sind deine Ziele, die du auf deinem Weg erreichst. Du bist der Mittelpunkt deines Lebens. Du kannst dich ändern. Du kannst dein Verhalten ändern. Du kannst dein Leben verändern. Mit jeder Veränderung, welche die Technologiedominanz begrenzt, bekommst du ein Stück Freiheit zurück. Setze dich in den Fahrersitz deines Lebens. Sei der Chef im Ring. Lebe!

Der Blick in den imaginären Spiegel: Fokus statt Diffusion

Nachdem wir mit dem Dreiklang *analysieren, minimieren und kontrollieren* im Außen und an den Rändern des Inneren aufgeräumt haben, machen wir jetzt einen weiteren Schritt. Es geht an den Kern unseres Selbst, es geht ganz tief, an das Innerste. Es geht darum, den kurzfristig wirkenden Attraktionen, der schnellen Belohnung eine langfristige Strategie entgegenzusetzen. Der schnelle Griff zum Smartphone, nur mal eben ganz kurz, der Kauf eines neuen, besseren, größeren, bunteren Fernsehers, das Auto mit noch mehr Datenströmen – alles das sind Entscheidungen, die kurzfristig Befriedigung verschaffen, die uns ein wohliges Gefühl geben, die sich für den

Moment gut anfühlen. Langfristig entwickeln wir oft ein schales Gefühl, Leere, Reue über den verschenkten Fokus, das schnell ausgegebene Geld, die verschwendeten Ressourcen und die vor allem Zeit, die wir sinnlos investiert haben und nie zurückkommt. Jeder Trend erzeugt einen Gegentrend. Die steigende Geschwindigkeit des Lebens, die zunehmende Zerstückelung, die dauerhaften Unterbrechungen führen zu einem Bedarf nach Fokus. Die konstante Abwesenheit eines Gegenübers, weil es im digitalen Raum hängt und nicht mit mir analog kommuniziert, führt zu einem Bedarf nach Anwesenheit und Achtsamkeit. Berufliche Aktivitäten und private Gespräche werden durch eingehende Mails, Messenger-Nachrichten und Anrufe zerhackt. Andauernder Fokus, die komplette Hingabe an ein Thema, einen Gedanken, eine Person, an mich entstehen damit nie. Wir sind gefangen in der Parallelität, in der unzureichenden Hinwendung auf ein halbes Dutzend Dinge gleichzeitig. Multitasking ist für das menschliche Gehirn längst als Mythos entlarvt worden. Wir können die Illusion erzeugen, mehr als eine Sache gleichzeitig zu tun. Der Nachweis, dass das zu verminderter Leistung und weniger Ergebnissen führt, ist mehrfach erbracht worden. Das Bewusstsein über Ineffektivität und die mangelnde Zufriedenheit führen zu Veränderungen im Bewusstsein und im Handeln. Malbücher für Erwachsene, Zeitschriften zu Slow Travel, Slow Food, Slow Sex, also die Betonung der

Langsamkeit bei Reisen, Kochen oder Körperlichkeit, erfahren steigende Nachfrage. In den von Ablenkungen und Unterbrechungen nicht nur geplagten, sondern oft auch durch diese definierten Metropolen der Welt boomen Yoga- und Meditationsstudios. In Berlin stieg die Zahl in den letzten fünf Jahren von rund 200 auf über 300. Die digitale Welt bietet unendliche Möglichkeiten, sich abzulenken. Kurz mal eben die sozialen Medien checken, schauen, ob der letzte Post schon mehr als 100 Likes bekommen hat. Ein paar Minuten ein Video schauen, eine Folge der neuen Serie gucken. Ehe wir es uns bewusst machen können, haben wir Minuten und Stunden in digitalen Welten verbracht, haben Zeit vertan und uns verändern lassen. Es wird an unseren Gedanken gezerrt, sie werden verbogen, gesteuert und lösen sich im Nichts auf. Sie diffundieren. Die Aufmerksamkeit teilt sich so lange auf, bis nichts mehr davon übrig ist. Das Gegenteil von Ablenkung, von Diffusion, ist Fokus, die bewusste Steuerung der Gedanken, die Konzentration auf einen Gedanken, eine Frage oder ein Objekt. Soziale Medien, das Internet und digitale Technologien sind perfekte Diffusionsmedien. Sie greifen nach der Aufmerksamkeit, steuern sie und ziehen uns vom Leben weg. Fokusmedien sind Bücher, gern auch E-Books, gute Zeitschriften, ein Vortrag oder ein gutes Gespräch. Situationen, in denen die Konzentration auf ein Objekt, einen Vorgang und einen Menschen erforderlich ist.

Ein paar Wochen, nachdem ich im Mai 2015 mein eigenes Business an den Start gebracht hatte, war ich auf meiner ersten Konferenz zum digitalen Nomadentum. Digitales Nomadentum ist eine Idee, eine Philosophie und eine gelebte Praxis, die das ortsunabhängige Arbeiten in den Mittelpunkt stellt. Ich schaffe mir ein Business, das weitgehend oder komplett im Internet funktioniert. Das können Dienstleistungen wie Persönlichkeitscoachings sein, die Programmierung von Websites, ein Onlineshop oder der Verkauf von Videokursen. Das Ideal ist, ein digitales Produkt zu erstellen, das sich, einmal entwickelt, Hunderte oder Tausende Male in immer gleicher Form verkaufen lässt. Neben dem Finden, der Formulierung und dem Aufbau ortsunabhängiger Geschäftsideen werden unter digitalen Nomaden auch Themen wie veganer Lebensstil, nachhaltiges Leben, Co-Working und Kryptowährungen diskutiert. Ein weiteres sehr zentrales Thema ist die Meditation. Gefühlt jede digitale Nomadin, jeder digitale Nomade meditiert. Zu Beginn konnte ich damit nichts anfangen. In einem der Workshops, die ich aus Neugierde besucht habe, forderte die Leiterin uns auf, entspannt zu stehen, die Hände vor dem Bauch ineinanderzulegen, dem Atem zu folgen und bei jedem Ausatmen mehr Gewicht auf die Füße zu packen. Ich befand mich in einem Raum mit 60 anderen. Es war komplett still, nur Atemgeräusche um mich herum. Irgendwann kam das Unvermeidliche: Im Hals kündigte sich ein Kratzen an, das sich innerhalb von einer Minute zu einem veritablen Hustenreiz aufbaute. Da ich die Stille nicht stören wollte, habe ich meine Gedanken komplett darauf fokussiert, das Husten zu unterbinden. An Entspannung oder gar besondere Erlebnisse meines Geistes war nicht zu denken. Sinn und Zweck dieser Übung wurden für mich nicht sichtbar. Diese Meditation können andere machen, für mich ist es nichts. Das Thema war damit erst einmal abgeschlossen. Zwei Jahre später ist mir ein Buch von Vishen Lakhiani in die Hände gefallen. Gelesen habe ich es, weil es darin um unkonventionelles Denken und ein Leben außerhalb der Norm ging. Lakhiani beschreibt gegen Ende des Buches eine Meditationspraxis, die ihm sehr geholfen hat. Ich habe seine Sechs-Phasen-Meditation für mich ausprobiert und festgestellt, das funktioniert für mich. Und allein in meiner Wohnung, auf meinem Sofa kann ich so viel husten, wie ich mag, es stört niemanden. In Deutschland meditieren zwischen fünf und zehn Prozent der Bevölkerung regelmäßig. Das hört sich nicht nach viel an, es sind bei einer Bevölkerung von 80 Millionen aber vier bis acht Millionen Menschen, die Meditationstechniken in ihren Alltag integriert haben. Ich sehe mich nicht als Experte für Meditation. Aber ich praktiziere seit sechs Jahren regelmäßig, habe einige Coachingstunden genommen, ein paar Bücher zum Thema gelesen, mich mit Experten zum Thema ausgetauscht. Wenn du tiefer in das Thema einsteigen möchtest, empfehle ich dir einige der Bücher in der Literaturliste am Ende des Buches. Ich gebe dir auf den folgenden Seiten meinen Blick, meine Einsichten und meine Erfahrungen weiter. Gerade bei der Meditation gilt: Mach deine eigenen Erfahrungen.

Bevor wir tiefer in das Thema einsteigen, will ich eine Frage beantworten, die du wahrscheinlich hast: Was hat Meditation mit dem Brechen von Technologiedominanz zu tun? Warum geht es in einem Buch, das helfen soll, die Kontrolle über das Leben zurückzugewinnen, indem die Nutzung von Technik ausbalanciert wird, um Meditation? Ein paar Monate, nachdem ich begonnen hatte, regelmäßig zu meditieren, saß ich mit meiner Frau in einer Kneipe. Es gab irgendein Fußballevent und es wurde ein Spiel auf Großbildleinwand übertragen. Ich interessiere mich nicht für Fußball. Trotzdem musste ich bis dahin immer wieder zwanghaft auf die flimmernden Bilder gucken, wenn in einer Kneipe eine Großbildleinwand hing. An diesem Tag, in diesem Moment, in dem ich dort saß, stellte ich fest, dass es mir mit Leichtigkeit galang, meinen Fokus von der Leinwand, der Hektik, dem Herumgerenne, den hektisch-hysterischen Kommentaren wegzubewegen und mich komplett auf das Gespräch mit meiner Frau zu fokussieren. Die Wochen, die ich bis dahin meditiert hatte, hatten mir die Fähigkeit gegeben, meinen Fokus, meine Aufmerksamkeit bewusst zu steuern und den Versuchungen, dem Lärm, dem Gezerre der Großbildleinwand zu widerstehen. Ich konnte mich auf meine Frau konzentrieren. Wir hatten einen wunderbaren Austausch, so wie immer, wenn wir miteinander sprechen. Was wir sehr oft tun, nicht nur in Restaurants mit Leinwänden und Fußball.

Dieses Prinzip, den Fokus aufrechtzuerhalten, egal wie groß die Störungen sind, die Fähigkeit, mich auf das zu konzentrieren, worauf ich mich konzentrieren will, und mich nicht der Ablenkung hinzugeben, das ist für mich der große Nutzen der Meditation. Ich bekomme heute Dinge in drei oder vier Stunden erledigt, für die ich früher acht gebraucht habe. Ob es sich um das Schreiben dieses Buches handelt, um Recherchen dafür, um Planungen für Projekte, Mailingaktionen für mein Business, die Planung von Keynotes: Der erste Schritt ist, alle äußeren Störungen abzuschalten, und der zweite, die innere Ausrichtung zu finden. Bei diesem zweiten Schritt helfen mir die Erfahrungen mit der Meditation. Der zweite Nutzen von Meditation sieht kleiner aus, ist aber ebenso relevant. Die Zeit, die ich meditiere, ist meine Zeit. Sie gehört nur mir. Ich verbringe sie ohne jede Technologie, ohne Smartphone, PC, Internet oder Auto. Bevor ich morgens den ersten Blick auf ein Display richte und ich mich dem Strom aus Mails, Nachrichten, Katastrophen und Triumphen anderer aussetze, wende ich den Blick für eine halbe oder eine ganze Stunde nach innen. Ich bin auf Digitaldiät und genieße es. Sich zurückzuziehen, den äußeren Lärm des Lebens, die digitale Umweltverschmutzung auszusperren, bringt mich dazu, Dinge klarer zu sehen und besser einzuordnen. Wenn ich ein Problem habe, eine offene Frage in meinem Leben oder eine Entscheidung auf Basis einer komplexen Datenlage treffen will, nehme ich das mit in die Meditation. Das Aussperren der äußeren Einflüsse sortiert und bewertet die Fakten und Gedanken. Oft fällt mir die Lösung aus dem Nichts zu. Oder sie sortiert sich vor meinem inneren Auge. Manchmal sind es auch zwei oder drei Lösungen und ich wähle aus. Mir sind viele Punkte, an denen sich Big Tech und die Produkthersteller in unser Leben schleichen, an denen Technologie an uns zerrt, an denen die Dominanz subtil auftritt, in solchen Situationen bewusst geworden. Viel von der Message dieses Buches, von seinen Inhalten und seiner Struktur hat sich in Meditationssessions gebildet. Die tägliche Meditationsroutine hat mich ruhiger gemacht, erlaubt mir, in der inneren Mitte zu verharren und Dinge zu akzeptieren, die ich nicht ändern kann. Meditation hat wahrscheinlich weitere Vorteile: Sie soll gesund sein, den Blutdruck senken, Stress reduzieren, Herzinfarkte und Schlaganfälle reduzieren. Das geht jedoch über meine Expertise hinaus. Für mich ist hier entscheidend: Meditation stärkt den Fokus, sie erlaubt, die Technologiedominanz zu erkennen und zu brechen. Sie schafft freie Räume zur Entfaltung.

Schau oder hör dir einmal beim Denken zu. Unser Gehirn, diese komplexeste Struktur, die wir im Universum kennen, diese 100 Milliarden Nervenzellen, die ständig miteinander Nachrichten austauschen, das Resultat von vier Milliarden Jahren Leben auf der Erde, produziert einen konstanten Gedankenstrom. Ein Gedanke reiht sich an den anderen. Ein Gedanke stößt den nächsten an. Das Gehirn ist, wie schon beschrieben, eine unermüdliche Assoziationsmaschine. Buddhisten nennen dieses Phänomen den »Affen in unserem Kopf«. Der Affe springt von Ast zu Ast. Der Affe ist unser Fokus, jeder Landepunkt ist ein neuer Gedanke. Ziel der Meditation ist, diesen Affen zu verstehen und zu beruhigen. Hört sich einfach an, ist aber eine der anspruchsvollsten Übungen, zu denen man einen menschlichen Geist bewegen kann. Zur Beruhigung dieses Affen gibt es zwei große Gruppen der Meditation: die geführte Meditation und die freie Meditation. Bei den geführten Meditationen nimmt dich jemand an die Hand und steuert deine Gedanken. Wenn du beim großen Videoportal oder beim Streamingdienst deiner Wahl reinschaust, wirst du Unmengen davon finden. »Meditation für den inneren Frieden«, »Abendmeditation zum Stressabbau«, »Morgenmeditation für einen erfüllten Tag«, »Meditation für innere Ruhe«, »Meditation für inneren und äußeren Reichtum«, »Meditation, um Geld und Glück anzuziehen«, »Meditation zum Abbau negativer Gedanken« und so weiter und so fort. Viele davon sind gut, helfen, sich zu fokussieren, abzuschalten, die Gedanken zu sortieren und den Affen in unserem Kopf zur Ruhe zu bringen. Mit vielen der Themen, Stimmen, Worte und Inhalte kann ich wenig anfangen. Schau dich um, probiere aus und du wirst etwas finden, was dir gefällt und hilft.

Freie Meditationen finden ohne Anleitung von außen statt, es sagt niemand, wohin du die Gedanken lenken sollst. Du richtest den Fokus auf ein Meditationsobjekt und lässt ihn dort verweilen. In den meisten Fällen ist das Meditationsobjekt der eigene Atem. Den hat man immer dabei, der ist immer da und er hat sich über die Jahrhunderte als sehr praktisch und nützlich herausgestellt. Das Prozedere ist einfach, die Durchführung schwierig. Setze dich bequem hin. Du kannst dich auf einen Stuhl setzen, auf das Sofa, ein Meditationskissen oder ein Meditationsbänkchen. Fang mit dem an, was du hast. Nimm eine aufrechte, stabile Haltung ein. Den Kopf kannst du leicht nach vorn neigen, als hättest du einen Faden am Hinterkopf, der dich nach oben zieht. Die Beine kannst du überkreuzen. Die Sitzposition, die auf Werbebildern von Meditierenden eingenommen wird, das vollständige Überkreuzen der Beine, ist nicht nötig. Ein Schneidersitz reicht oder du lässt die Beine in einer anderen bequemen Stellung. Wenn du Schmerzen in den Beinen oder im Rücken hast, ändere deine Sitzposition. Es geht nicht darum, als Fakir einen Preis zu gewinnen. Meditation soll entspannen, dich positiv verändern, neue Welten in dir eröffnen, dir aber keine Schmerzen bereiten. Entspanne die Schultern, die sind gern unter Spannung, ohne dass wir es merken. Atme ein paar Mal tief ein und aus, und beim Ausatmen entspannst du immer ein bisschen mehr. Kehre zu deinem eigenen Atemrhythmus zurück und fokussiere dich auf deine Nasenspitze. Genauer gesagt, auf deine Nasenlöcher. Spüre, wie die Luft in deinen Körper eintritt und wieder austritt. Dann beginne zu zählen. Zähle deine Atemzüge. »Eins« beim Einatmen, »zwei« beim Ausatmen, »drei« beim Einatmen usw. Zähle bis zehn und beginne wieder von vorne. Ganz einfach, oder? Du wirst sehr schnell feststellen, wie der Affe in deinem Kopf anfängt, von Ast zu Ast zu springen. Erst unmerklich, dann immer schneller und wilder, bis du wieder da bist, wo du am Anfang warst. Irgendwann bemerkst du es und damit hast du eine wertvolle Erfahrung gesammelt. Du kehrst jetzt ohne Vorwürfe, Gram oder Schuldgefühle zu deinem Atem zurück und beginnst von vorne. Es kann dir auch passieren, dass du irgendwann feststellst, dass du bei 24, 25, 26, ... angekommen bist, die zehn also locker verpasst hast. Auch da wieder: zur eins zurückkehren und neu beginnen. Sei dankbar für die Erfahrung, die du machen durftest. Das ist das Grundprinzip, der Ausgangspunkt für deine Reise in die Welt der Meditation. Es ist ein Start, das Kratzen an der Oberfläche. Lege Erwartungen ab und beginne. Der Rest des Weges ergibt sich beim Gehen.

Du kannst zu Beginn einen Bodyscan machen, mental Schritt für Schritt durch deinen Körper gehen, in die einzelnen Körperteile hineinfühlen. Ich beginne am linken großen Zeh, fokussiere mich auf ihn. Es soll so sein, als würdest du einen Scheinwerfer auf diesen Zeh richten. Wandere langsam in Gedanken die anderen Zehen ab, Fußsohle, Fußoberseite, die Wade, Knie, Oberschenkel und so weiter. Bewege den Scheinwerfer entlang der einzelnen Körperteile. Wenn du das Bein komplett abgescannt hast, erweitere deine Wahrnehmung auf das ganze Bein, öffne den Scheinwerferstrahl. Danach das rechte Bein inklusive der gesamten Wahrnehmung, der linke Arm, beginnend mit dem Daumen bis zur Schulter, rechter Arm, den Körper aufwärts, Hals und Kopf. Beim Kopf beginnst du am Hinterkopf, wanderst über den Schädel, Stirn, Nase und Mund. Danach öffnest du die Wahrnehmung wieder, erst auf den ganzen Kopf, dann den Oberkörper, am Ende auf den gesamten Körper. Das wird beim ersten Mal ganz und gar nicht funktionieren. Nach ein paar Sitzungen wird es leichter, bis es ganz einfach erscheint. Behalte den Fokus, behalte die Geduld, erwarte nichts. Die Veränderungen stellen sich nach und nach ein.

Die Sechs-Phasen-Meditation von Vishen Lakhiani ist weder eine geführte noch eine rein freie Meditation. Es gibt einen Rahmen, in dem man sich bewegt, eine Form als Hülle. Das war das, was mir am Anfang bei dieser Meditationsform gefallen hat: Es ist mehr als das reine Zählen der Atemzüge und es gibt keine exakten Vorgaben, denen ich folge. Die sechs Phasen der Meditation sind: Liebe/Mitgefühl, Dankbarkeit, Vergebung, perfektes Leben, perfekter Tag, Segnung. Du durchläufst in jeder Meditation die sechs Phasen in dieser Reihenfolge. Jede der Phasen kann drei bis zehn Minuten dauern, wobei du im Laufe der Meditationen feststellen wirst, Zeit spielt keine Rolle. Es gibt die Sechs-Phasen-Meditation auch als geführte Meditation. Suche einfach auf dem großen Videoportal, es gibt dort das Original von Vishen Lakhiani und mehrere deutsche Versionen. Für den Einstieg kann es sehr hilfreich sein, eine Anleitung zu haben. In der Phase Liebe/Mitgefühl entwickelst du Empathie für die Menschen in deiner Umgebung und darüber hinaus. Denke an jemanden, den du sehr und ehrlich liebst. Tauche in dieses Gefühl der Liebe ein. Erweitere es, fülle den Raum um dich damit. Lasse es wachsen wie eine Blase aus Liebe um dich herum. Vergrößere diese Blase um dein Haus herum, deine Stadt, dein Land, die ganze Welt. Dankbarkeit ist zentral für dein Wohlbefinden. Es gibt Indizien dafür, dass dankbare Menschen länger, besser und gesünder leben als Menschen, denen Dankbarkeit nicht gelingt. Denke an zwei, drei oder vier Dinge, für die du dankbar bist. Die kannst du dir auch gern vor der Meditation mental zurechtlegen, damit du nicht innerhalb der Meditation anfängst, danach in deinem Kopf zu suchen. Wenn du Dankbarkeit fühlst, tauche wieder komplett in das Gefühl ein und lasse es wachsen. Vergebung ist der wichtigste Teil dieser Übung und zugleich der schwerste. Denke an einen oder mehrere Menschen, die dir wehgetan haben. Das kann ein Familienmitglied sein, ein (Ex-)Chef, der Mensch, der dich gestern Abend in der Kneipe beleidigt hat. Denke an diesen Menschen und fühle genau, was das in dir auslöst. Im nächsten Schritt vergib ihm oder ihr. Lass das Gefühl der Vergebung durch deinen Körper laufen. Nimm es komplett auf. Fühle die Vergebung. Die drei Phasen bis hierher beschäftigen sich mit der Vergangenheit, sie räumen auf, befreien dich. In der Phase »perfektes Leben« visualisierst du dir das zukünftige Leben, das du dir erträumst. Sei detailreich, nimm im Laufe der Zeit Geräusche, Musik, Gerüche, Berührungen in deinen inneren Film dazu. Fühle intensiv, stell dir vor, wie es sich anfühlt, wenn du im Häuschen am Meer lebst, wie frei du bist, wenn du die Technologiedominanz im Griff hast, wie sinnlich eine analoge Kommunikation sein kann. Stell dir vor, was du in deinem Leben machen kannst, wenn du nicht ständig von Bimmel, Bing, Klock und vom Aufleuchten eines Displays abgelenkt wirst. In der Phase »perfekter Tag« machst du das gleiche mit dem heutigen Tag, wenn du am Morgen meditierst, oder dem morgigen, wenn du abends deine Meditationssitzung hast. Wie läuft der Tag, wenn er perfekt ist, wie fühlt es sich an, wenn der Neukunde am Telefon für ein Projekt zusagt, wie riecht es, wenn du am Abend mit dem Motorrad durch den Wald fährst? Die Segnung ist der Abschluss der Meditation. Wenn du religiös bist, kannst du dich mit deinem Gott verbinden, ein Gebet sprechen. Wobei mir ein guter Freund, der sehr christlich ist, sagte, die ganze Meditation sei ein Gebet. Ich verbinde mich mit dem Universum, fühle mich geliebt und beschützt, geschätzt und geachtet, gut aufgehoben.

Ich meditiere jeden Morgen, oder zumindest fünfmal in der Woche. Eine Sitzung dauert zwischen 30 und 60 Minuten. Damit beginnt mein Morgenritual. Im Idealfall wache ich von allein auf, ohne Wecker. Ich setze mich in die Meditationshaltung und beginne mit dem Bodyscan. Danach kommen entweder die Atemverfolgung, die Sechs-Phasen-Meditation oder beides nacheinander. Nach der Meditation sage ich ein paar Affirmationen, steige aus dem Bett, putze die Zähne, dusche und mache mir einen Kaffee. Das ist der Zeitpunkt, an dem ich das erste Mal mit der digitalen Welt Kontakt aufnehme. Ich schaue auf mein Smartphone, in den Kalender, nehme die aufgelaufenen Nachrichten und die Mails zur Kenntnis. Danach geht es an den Schreibtisch. Du fragst dich, woher ich die Zeit für das Meditieren nehme? Ob ich nichts Besseres zu tun habe? Du hast keine Zeit zu meditieren? Das ist ungefähr so, als würdest du nicht essen, weil du zu viel Hunger hast. Ich gewinne mit der investierten Zeit so viel Fokus, ich kann die Dinge, die zu erledigen sind, so konzentriert hinter mich bringen, dass ich durch die Meditation keinen Verlust an Zeit habe, sondern einen Gewinn. Die Morgenroutine, die Meditation und die Digitaldiät tun mir gut. Dieses Vorgehen gibt mir Fokus, Zuversicht, die Energie, die Dinge des Tages anzugehen. Sie gibt mir Leichtigkeit, Ausgeglichenheit und sie gibt mir ganz automatisch den Einstieg in die digital-analoge Balance. Ich gehe am Morgen mit der Janusköpfigkeit der Technologie um und trage das in den Tag. Der Widerstand gegen den Sog der sozialen Medien, gegen die Hassreden, die Nachrichtenflut entsteht automatisch. Der Fokus, den ich aufbaue, hält den ganzen Tag an. Die Macht von Dancing Bearware ist gebrochen. Das Smartphone liegt mit dem Display nach unten stumm auf dem Schreibtisch neben mir. Das elektronische Postfach ist zu oder wird ignoriert. Wenn ich an diesem Buch schreibe, wenn ich für einen Klienten eine Strategie entwickle, wenn ich recherchiere oder eine neue Keynote baue: Ich habe meinen Fokus genau dort und nicht auf einem Stück Plastik und Glas gefüllt mit Silikon, auf dem Daten verschoben werden.

Aktion oder Aktionismus?
Wir als Gesellschaft

Ich glaube an das Individuum. Ich glaube an Selbstbestimmung. Ich glaube an persönliche Verantwortung. Analysieren, Minimieren, Kontrollieren und Meditieren sind Aktivitäten, die du für dich durchführst, die in deiner Verantwortung liegen. Darüber hinaus gibt es »die Gesellschaft«, »die Industrie«, »den Gesetzgeber« und damit verbunden die Abgabe von Verantwortung an anonyme externe Instanzen. Damit wird behauptet, jemand anderes trägt die Verantwortung und entbindet mich daher von Aufmerksamkeit, Denken, Entscheiden und Handeln. Jemand anderes beantwortet meine Fragen, findet die Antworten auf die Fragen meines Lebens. Diese externen anonymen Instanzen sind am Ende Menschen, die handeln, die Interessen haben und diese vertreten. Die Gesellschaft besteht aus einzelnen Personen, jeder von uns ist Teil davon. Mir sind Forderungen nach Gesetzen, Regeln, moralischen Appellen immer suspekt. Es ist zu einfach. Verantwortung diffundiert weg. Ich als Individuum bin raus. »Die Gesellschaft« ist eine Gruppe von einzelnen Menschen, wir bilden alle als Denkende und Handelnde »die Gesellschaft«. Von daher zum Schluss ein paar Ideen, wie wir als Gruppe jeden unterstützen können, Technologiedominanz zu erkennen und zu brechen.

Ich glaube an Bildung. Wissen vermitteln, Kompetenzen entwickeln, Alternativen erkennen, Vor- und Nachteile identifizieren, Handlungen ermöglichen. Wir können einander vorleben, wie es sein sollte. Technologienutzung lohnt sich immer, wenn produziert wird und nicht konsumiert, wenn agiert wird und nicht reagiert, wenn Ideen entstehen und nicht verschwinden. Eltern sind Vorbilder für Kinder, Lehrer und Lehrerinnen für Schüler und Schülerinnen, Professorinnen und Professoren für Studenten und Studentinnen, Söhne und Töchter für Väter und Mütter. Jeder einzelne sollte sich fragen: Ist mein persönlicher Umgang mit Technologie richtig? Schaffe ich Wert, indem ich stundenlang am Smartphone hänge? Wie beeinflusse ich andere Menschen mit meinem Verhalten? Die Möglichkeiten und die Gefahren der Technologienutzung zu erlernen und ein Bewusstsein über die Mechanismen und die Ziele von Big Tech, die Macht von Algorithmen und die Folgen von Technologiedominanz zu schaffen, ist ein Schritt in die richtige Richtung. Wenn wir ein Bewusstsein entwickeln über den wahren Preis, den wir zahlen, wenn wir in den sozialen Medien Daten hinterlassen, wenn wir erahnen können, dass die Freude über viele Likes, die digitale Beachtung schnell in Hass und Aggression umschlagen kann, wenn wir die Abhängigkeiten erkennen, dann können wir gegensteuern. Digitalunterricht an Schulen ist umstritten. Die letzten digitalfreien Zonen des Lebens junger Menschen bewusst mit Technologie zu füllen, erscheint auf den ersten Blick abstrus. Forscher wie Manfred Spitzer plädieren für komplett digitalfreie Schulen. Klassenzimmer sollen Orte ohne Internet, Smartphones und soziale Medien sein. Das halte ich für den falschen Weg. Herumdaddeln auf Handys und Tablets, das Spielen sinnbefreiter Spiele im Internet wird den Umgang mit Technologie ganz sicher nicht bewusster machen. Aus diesen Gründen halten viele Manager der Internetkonzerne ihre Kinder, solange es geht, von Smartphones und Tablets fern. Sie haben realisiert, was sie mit ihren Technologien anrichten können, wenn diese unreflektiert genutzt werden.

Smartphones, Tablets, das Internet, soziale Medien, digitale Kommunikation bestimmen das Leben der Menschen heute und werden es in Zukunft noch mehr bestimmen. Bereits Kindergartenkinder können mit Tablets umgehen und ihre Lieblings-Apps starten und nutzen. Bei Technologien wie Robotern im Alltag und künstlicher Intelligenz stehen wir erst ganz am Anfang der Entwicklung. Wenn wir in diese Entwicklungen zukünftig genauso naiv stolpern, wie es bis dato mit digitalen Technologien passiert ist, geben wir den Anbietern, Ingenieuren und Marketingexperten, geben wir Big Tech und den Produktherstellern unendliche Macht. Wir werden durch mangelndes Wissen manipulierbar. Wissen ist Macht. Wissen über Technologie ermächtigt die Nutzer. Die Zusammenhänge, die Hintergründe und die Motivation von Anbietern müssen klar kommuniziert werden. Die Anbieter werden das nicht tun, was ihnen nicht zu verdenken ist. Wir brauchen eine digitale Bildung, die diesen Namen verdient. Von den Businessmodellen der Anbieter über die Natur des Menschen und die Psychologie der Techniknutzung bis zu den technologischen Grundlagen sollten wir ein breites Wissen und echte Kompetenz vermitteln. Dazu gehört, Wissen zu vermitteln, um Falschmeldungen, Lügen oder auch nur Fragliches zu erkennen und zu bewerten. Dazu gehört das Wissen um Geldflüsse, um den Wert von Daten und Privatsphäre, um die Strategien der großen Firmen und den Preis von Gratisservices. Dazu gehört die Kompetenz, das eigene Verhalten zu reflektieren, sich abzugrenzen, Hassrede abzuschirmen und sich selbst als Person stark zu machen. Neutrale Stellen, und hier sind die Schulen für junge Menschen der ideale Ort, sollten diese Aufgaben übernehmen. Für Menschen ohne Zugang zu Schulen werden andere Wege gefunden. Es wird ohnehin nichts bleiben, wie es ist. Die Schulen hängen immer noch zwischen mittelalterlicher Lateinschule und preußisch-brachialen Lernmethoden fest. Abiturienten verlassen die Schule, ohne zu verstehen, wie Kreditkarten funktionieren, wie man eine Firma gründet, wie die Mechanismen von Big Tech funktionieren, wie man meditiert.

Lebenslanges Lernen ist auf dem Weg vom Schlagwort zur Realität. Es wird flexible Angebote für alle geben, oft abrufbar über das Internet und zugänglich mit dem Smartphone. Hier sehen wir wieder die Janusköpfigkeit der Technologie, wir nutzen Internet und Smartphone, um zu lernen, wie wir den Einfluss von Internet und Smartphone auf uns minimieren und kontrollieren können. Dort, wo Hightech unsichtbar ist, bei künstlicher Intelligenz, bei den Algorithmen sozialer Medien, in der Automatisierung von Vorgängen sollte eine Kennzeichnungspflicht bestehen. Hinweise wie »Sie telefonieren mit einer künstlichen Intelligenz«, »der Kauf dieses Produktes beeinflusst die zukünftigen Produktempfehlungen«, »diese Fahrt mit ihrem Auto hat Umweltschäden verursacht« sollten zum Alltag gehören. Produkte, die nicht nach hohen Qualitätskriterien getestet wurden, die als Betaversionen an die Kunden geliefert werden, sollten deutlich gekennzeichnet sein. Die Illusion, ich bin Chef meines digitalen Lebens, der sich heute viele hingeben, sollten wir durchbrechen, wenn wir die Kontrolle über Technologie und Technologiekonsum zurückgewinnen wollen. Wir werden lernen, die neuen Realitäten zu begreifen, unseren Platz im System zu sehen und zu bewerten. Transparenz schafft die Möglichkeit, zu entscheiden. Das schließt die Möglichkeit, sich dagegen zu entscheiden, ein.

Wir brauchen den Mut, den Technologiegiganten entgegenzutreten, uns das Wissen zu beschaffen, das wir brauchen, und unsere eigenen Entscheidungen zu fällen und durchzuhalten. Wir werden wieder Herr und Frau über unsere Leben und unsere Zeit sein.

HAB DEN MUT: GEH LOS UND GIB NICHT AUF!

Es ist der Tag der Lieferung. Ich stehe in einer Werkhalle in Asien. Fünf Autos stehen in einer Reihe nebeneinander. Vier Vergleichsfahrzeuge von deutschen und japanischen Premiumherstellern. Am Ende der Reihe steht das Fahrzeug, das wir drei Jahre entwickelt hatten. Drei Jahre, in denen ich unzählige Male zwischen Stuttgart und Seoul hin- und hergeflogen bin, und unzählige Meetings, zum Teil im Winter in ungeheizten Meetingräumen, durchgestanden hatte, drei Jahre, in denen ich unzählige Leberzellen bei Businessdinners und Partynächten zerstört hatte. Unzählige Tage, an denen ich komplett frustriert beim Kunden raus bin und nichts anderes wollte als eine Party, bei der ich alles vergessen konnte. Der Technikvorstand des Kunden kommt in diese riesige Werkhalle, begleitet von einem Tross aus 12 eifrigen Mitarbeitern. Er setzt sich in die Vergleichsfahrzeuge, ein paar Erklärungen, viel Nicken, ein paar Knöpfe werden gedrückt. Als er in sein eigenes Fahrzeug steigt, das, das wir drei Jahre entwickelt hatten, fällt sein Gesicht runter. Blankes Entsetzen, erst wird er blass, dann rot. Panik im Tross. Wir werden alle, Mitarbeiter von uns, vom Kunden und von anderen Zulieferern, in einen engen Meetingraum gestopft. Die ersten Worte, die der Technikvorstand sagt, sind: »I am very worried!« Ich bin sehr besorgt. Er erklärt ganz genau, warum das Design von Navigation, Radio, Telefon, also das Thema, an dem mein Team drei Jahre intensiv gearbeitet hatte, ganz und gar nicht gehe. Auf dem

Weg zu unserem Headquarter herrscht eisiges Schweigen im Bus. Meine Kollegen sehen mich an. Er, der als der beste Gestalter genau solcher Systeme gilt, er, der Guru, zu dem alle pilgern, er hat versagt. Ich habe erklärt, was passiert ist. Wie mein Team zu Beginn des Projekts eine supertolle Lösung entworfen hat und im Laufe der Zeit die Entwickler auf Kundenseite das gesamte Design Stück für Stück verändert haben. Zu Beginn habe ich Widerstand geleistet, irgendwann habe ich es aufgegeben. Den Kunden einfach machen lassen, mein Team beauftragt, egal wie unsinnig die Vorstellungen sind, einfach umzusetzen. Der Projektleiter hat die ganze Zeit zustimmend genickt. Er hatte den zum Teil abstrusen Prozess in allen Details mitbekommen. Meine Ansage im Bus auf dem Weg zu unserem Büro war: Ich will mein Gesicht zurück. Ich will erklären, wie es zu dem Ergebnis gekommen ist, was im Auto war. Der Projektleiter und ich haben am nächsten Tag kurzfristig einen Termin beim Vorstand bekommen, in dem ich die Situation komplett erklärt habe. Das, was im Auto ist, ist nicht von mir und meinen Leuten, das ist vom Kunden so reindiskutiert worden. Wir haben uns geeinigt, dass ich mein Team voll auf das Projekt fokussiere und in sechs Wochen eine neue Lösung vorliegen wird. Am Ende des Meetings kam der Vorstand zu mir und flüsterte mir ins Ohr: »Peter, you will save my life.« Peter, du wirst mein Leben retten. Um es kurz zu machen, wir haben in den sechs Wochen eine perfekte Lösung vorgelegt, die später

Preise gewann, über Jahre hinweg verbaut wurde und die verdammt nahe am Original von drei Jahren vorher war.

Warum erzähle ich diese Geschichte? Für mich war das Erlebnis ein Wendepunkt. Ich habe mir vorgenommen, nie wieder aufzugeben. Immer bis zum Ende für meine Überzeugung zu kämpfen. Wenn ich aus guten Gründen glaube, eine Lösung ist die beste, dann stehe ich dafür ein. Auch und gerade, wenn es eng wird und wehtut. Wenn ich weiß, mein Weg ist richtig, dann stehe ich dafür ein. Ich werde diese Welt nicht ändern, ich werde diese Welt nicht zu einem besseren Ort machen, wenn ich auf halbem Weg stehenbleibe, aufgebe oder umkehre.

> »Das Geheimnis, voranzukommen, liegt darin, anzufangen. Das Geheimnis, anzufangen, liegt darin, die überwältigend komplexen Aufgaben in kleine, handhabbare Portionen herunterzubrechen und dann mit der ersten zu beginnen.«
>
> *Mark Twain*

Am Ende dieses Buches hast du vielleicht das Gefühl, dass das alles ganz schön dicke Bretter zu bohren sind. Dass da fette Brocken auf dich warten, ein steiler und hoher Berg zu besteigen ist. Es bleibt vielleicht das Gefühl, es nicht schaffen zu können. Fang einfach an. Setze ein paar Punkte um. Werde unterwegs besser. Perfektion verhindert. Es ist eine Frage der Übung, des Durchhaltens, der Ausdauer.

Du wirst auf Widerstände treffen, auf innere und äußere. Es wird Menschen geben, die dein verändertes Verhalten nicht verstehen, die nicht verstehen wollen oder nicht akzeptieren können, dass du nicht mehr innerhalb von Sekunden auf jede Nachricht reagierst, von jedem C-Promi den Beziehungsstatus kennst oder nicht weißt, welcher Drink gerade angesagt ist. Du wirst in dir Widerstände finden, die Sehnsucht nach der alten Normalität, das alte Verhalten wird sich nach vorn drängen, die alten Gewohnheiten verführerisch wirken. Das ist normal, das ist okay, das kann nicht anders sein. Bleib einfach dran. Du wirst unterwegs Erfahrungen sammeln, gute und schlechte. Diese Erfahrungen werden dir nutzen, immer besser zu werden. Du wirst stolpern und fallen. Du wirst wieder aufstehen und weitergehen. Das wird dich stärker und sicherer machen.

Diese Welt ist wunderbar. Technologie hat uns geholfen, Häuser zu bauen, die dem Wetter, Regen und Stürmen, standhalten und in denen es warm ist. Wir haben das Rad und den Motor erfunden und uns damit Mobilität erworben, die Möglichkeit, an entfernte Orte zu reisen. Wir haben Medizingeräte erfunden, die unser Leben besser, länger und gesünder machen. Wir haben Flugzeuge gebaut und erreichen heute in wenigen Stunden andere Kontinente. Wir haben Smartphones entwickelt und damit universelle digitale Werkzeuge in unsere Hosentaschen gezaubert. Wir erschaffen selbstlernende Maschinen, die uns öde Routinetätigkeiten abnehmen.

Technologie ist neutral. Erst unser Umgang damit macht sie zu guter oder schlechter Technologie. Technologie ist janusköpfig, sie erlaubt uns, diese Welt zu einem besseren Ort zu machen oder zu einem schlechteren. Wir haben es in der Hand. Du hast es in der Hand. Gib nicht auf, auch wenn die Macht von Big Tech, wenn der Sog der sozialen Medien übergroß erscheint. Mach einfach weiter, auch wenn die Mechanismen der Algorithmen, wenn die Businessmodelle der sozialen Netzwerke mächtig sind.

Es ist deine Entscheidung, die Dominanz von Technologie zu brechen. Für dich, für dein Leben, für deine Ansprüche die richtige Balance zu finden. Es liegt in deiner Verantwortung, Dancing Bearware aus deinem Umfeld zu verbannen, die Technologiedominanz zu brechen und dein bestes Leben zu leben. Es liegt in deiner Hand. Es liegt nur an dir. Geh los!

Zum Weiterlesen: Literatur

Adams, D. (2017): *Per Anhalter durch die Galaxis*, Kein & Aber.

Beer, P. (2021): *Meditation-Stress und Ängste loswerden und endlich den Geist beruhigen*, Arkana.

Bense, M. (1970): *Ausgewählte Schriften, vol. 4: Poetische Texte*, Elisabeth Walther-Bense (Hrsg.) (Stuttgart/Weimar: Metzler, 1998)

Brooks, R. (2021): *Artificial Intimacy. Virtual Friends, Digital Lovers and Algorithmic Matchmakers*, New South Publishing.

Diamandis, P. H., Kotler, S. (2020): *The Future is Faster than You Think*, Simon & Schuster.

Diehl, K. (2021): *Autokorrektur – Mobilität für eine lebenswerte Welt*, S. Fischer.

Dohler, C. (2018): *Am Ende der Sehnsucht wartet die Freiheit*, LEO.

Finder, K. (2016): *Meditation: Meditation für Anfänger – Die besten Meditationstechniken, mit denen Du Deine innere Mitte findest*, Kindle Self-Publishing.

Freud, S. (2009): *Das Unbehagen in der Kultur (1930) - Das Unbehagen in der Kultur und andere kulturtheoretische Schriften*, Fischer.

Gadeib, A. (2019): *Die Zukunft ist menschlich - Manifest für einen intelligenten Umgang mit dem digitalen Wandel in unserer Gesellschaft,* Gabal.

Gamble, C., Gowlett, J., Dunbar, R. (2016): *Evolution, Denken, Kultur – Das soziale Gehirn und die Entstehung des Menschlichen*, Springer Spektrum.

Ganten, D., Spahl, T., Deichmann, T. (2015): *Die Steinzeit steckt uns in den Knochen – Gesundheit als Erbe der Evolution*, Piper.

Grunwald, A. (2019): *Der unterlegene Mensch - Die Zukunft der Menschheit im Angesicht von Algorithmen, künstlicher Intelligenz und Robotern,* Premium Riva.

Haarmann, H. (2011): *Geschichte der Schrift*, C.H. Beck.

Hands, J. (2015): *Cosmo Sapiens – Die Naturgeschichte des Menschen von der Entstehung des Universums bis heute*, Knaus.

Harari, Y. N. (2013): *Eine kurze Geschichte der Menschheit*, DVA.

Harari, Y. N. (2019): *21 Lektionen für das 21. Jahrhundert*, Beck.

Harari, Y. N. (2020): *Homo Deus – Eine Geschichte von Morgen*, Beck.

Harris, T. (2019): *Das Silicon Valley hat unser Gehirn gehackt*, https://www.hannesgrassegger.com/reporting/tristan-harris-interview-das-silicon-valley-hat-unser-hirn-gehackt.

Herculano-Houzel, S. (2016): *The Human Advantage- A New Understanding of How Our Brain Became Remarkable*, The MIT Press.

Junker, T. (2016): *Die Evolution des Menschen*, Beck.

Kinnert, D. (2021): *Die neue Einsamkeit- Und wie wir sie als Gesellschaft überwinden können*, Hoffmann & Campe.

Kinnert, D. (2021): *Pioneer Briefing,* www.thepioneer.de/originals/thepioneer-briefing-economy-edition/briefings/mb-newsletter-22-12-2021.

Koch, C. (2021): *Digitale Balance- Mit smarter Handynutzung leichter leben,* Heyne.

Kucklick, C. (2016): *Die granulare Gesellschaft- Wie das Digitale unsere Wirklichkeit auflöst*, Ullstein.

Lakhiani, V. (2017): *Lebe nach Deinen eigenen Regeln-10 Schritte zum unkonventionellen Denken*, Allegria.

Lambert A. (2019): Intimacy, Cosmopolitanism, and Digital Media: A Research Manifesto, *Qualitative Inquiry*. 25(3):300-311.

Lanier, J. (2014): *Wem gehört die Zukunft? Du bist nicht der Kunde der Internetkonzerne. Du bist ihr Produkt*, Hoffmann & Campe.

Leonhard, G. (2017): *Technology vs. Humanity – Unsere Zukunft zwischen Mensch und Maschine*, Vahlen.

Losos, J. B. (2018): *Glücksfall Mensch – Ist Evolution vorhersagbar?* Hanser.

Morozov, E. (2013): *Smarte neue Welt – Digitale Technik und die Freiheit des Menschen*, Karl Blessing.

Pavliscak, P. (2018): *Emotionally Intelligent Design- Rethinking how we Create Products*, O'Reilly.

Pörksen, B. (2021): *Kult der Kurzfristigkeit*, https://landlebtdoch.de/magazin/kult-der-kurzfristigkeit/.

Poser, H. (2016): *Homo Creator – Technik als philosophische Herausforderung*, Springer.

Puddicombe, A. (2016): *Mach mal Platz im Kopf- Meditation bringt's*, Knaur.

Rammler, S. (2017): *Volk ohne Wagen – Streitschrift für eine neue Mobilität*, Fischer.

Rosling, H. (2019): *Factfulness- Wie wir lernen, die Welt so zu sehen, wie sie wirklich ist*, Ullstein.

Shetty, J. (2020): *Das Think Like a Monk-Prinzip- Finde innere Ruhe und Kraft für ein erfülltes und sinnvolles Leben*, Rowohlt Polaris.

Shubin, N. (2009): *Der Fisch in uns- Eine Reise durch die 3,5 Milliarden Jahre alte Geschichte unseres Körpers*, Fischer.

Shubin, N. (2021): *Die Geschichte des Lebens – Vier Milliarden Jahre Evolution entschlüsselt*, S. Fischer.

Spengler, O. (1931): *Der Mensch und die Technik – Beitrag zu einer Philosophie des Lebens*, Hofenberg Digital.

Spitzer, M. (2018): *Die Smartphone-Epidemie-Gefahren für Gesundheit, Bildung und Gesellschaft*, Klett-Cotta.

Thaleb, N. N. (2018): *Der Schwarze Schwan-Die Macht höchst unwahrscheinlicher Ereignisse,* Pantheon Verlag.

Yates, C. J. (2017): *Handbuch Meditation*, Arkana.

Entdecke
weitere Bücher in unserem
Online-Shop

www.remote-verlag.de

Finde deinen Ratgeber!

Remote Verlag

Printed in Germany
by Amazon Distribution
GmbH, Leipzig